情報を正しく選択するための

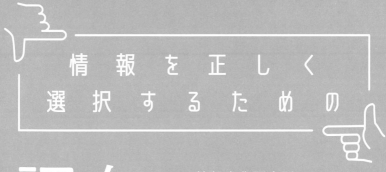

認知バイアス事典

著 **情報文化研究所**
（山﨑紗紀子／宮代こずゑ／菊池由希子）

監修 **高橋昌一郎** 國學院大學教授
情報文化研究所所長

世界と自分の見え方を変える
「60の心のクセ」のトリセツ

フォレスト出版

一般に「バイアス（bias）」とは、織り目に対して斜めに切った布の切れ端のことで、そこから「かさ上げ・偏り・歪み」を指すようになった言葉である。

よく耳にする「バイアスが掛かっている」という言い方は、「偏った見方をしている」ときに使う。

「認知バイアス（cognitive bias）」とは、偏見や先入観、固執断定や歪んだデータ、一方的な思い込みや誤解などを幅広く指す言葉として使用されるようになったわけである。

品川駅は品川区？

さて、2017年7月の東京都区議会議員選挙の際、品川駅西口前に立つテレビ局のレポーターが、「品川駅前に広がる品川区の選挙情勢」について語っていた。スタジオのキャスターとゲストも一緒に「品川区民」の話をしていたが、実は「品川駅」の所在地は「港区高輪3丁目」であり、駅前に広がっているのは「品川区」ではなく「港区」なのである！

品川駅西口前には「品川プリンスホテル」があるが、その住所は「港区高輪4丁目」であり、ホテルの北側にある「品川税務署」の住所は「港区高輪3丁目」である。

要するに、「品川駅」「品川プリンスホテル」「品川税務署」といった名称から、それらは**「品川区」に存在するに違いないと思い込んでいた人は、「認知バイアス」の罠にかかっていた**ことになる。

これらの思い込みは事実に反しており、論理的には「真（truth）」ではなく「偽（falsity）」である。

3つの研究分野からのアプローチ

「論理学」の世界では、このようなタイプの思い違いを「誤謬（fallacy）」と呼び、古代ギリシャ時代から、さまざまな種類に分類して、議論を健全なものにするために避けなければならないと諭してきた。

それにしても、私たち人間は、なぜ「誤謬」を犯してしまうのだろうか？

たとえば、「○○税務署」の所在地が「○○区」であることは、多くのケースで「真」であり、そのように推測すること自体は、必ずしも間違いでないことも多い。

問題は、この「帰納法（個別の事実に共通点を見つけ、一般的な結論を導き出す推論）」と呼ばれる論法には、ともすれば例外があることである。

なぜ人間が無意識に「帰納法」を用いて物事を認識し、情報を処理しているのかは、「認知科学」の研究対象である。

また、集団間におけるコミュニケーションや、人間と社会との相互関係は、「社会心理学」で研究されている。

というわけで、『認知バイアス事典』を監修してほしいというプランをフォレスト出版の編集者から頂戴した際、何よりも最初に浮かんだのは、論理学・認知科学・社会心理学の3つの研究分野からアプローチするというアイデアだった。

執筆は、情報文化研究所の研究員であり、各々の専門分野で大活躍している若手研究者の山﨑紗紀子氏（論理学）、宮代こずゑ氏（認知科学）、菊池由希子氏（社会心理学）の3氏に依頼することにした。

いわゆる「認知バイアス」に分類される用語は数百以上存在するが、意味や用法が曖昧であったり、重複した意味内容であったりするものも多い。私たちは、何度もミーティングを重ねて、**3つの専門分野で必要不可欠な20項目を厳選し、合計60項目にまとめた。**

本書の特徴は、一般の「事典」のようにABC順に項目を並べるのではなく、わかりやすい項目から徐々に理解を深められるように執筆者が各部を構成し、読者が楽しみながら読み進められるように工夫した点にある。

　読者は、第Ⅰ部（論理学的アプローチ）、第Ⅱ部（認知科学的アプローチ）、第Ⅲ部（社会心理学的アプローチ）の順に読み進めてくだされば、本書を読み終える頃には、「認知バイアス」の全体像をつかめるような仕組みになっている。

　もちろん、必ずしも順番にこだわらず、パラパラとめくって気になる項目から読んでいただいてもかまわない。

情報を正しく選択するために

　読者対象としてイメージしたのは、大学に入学したばかりの新入生である。もし本書を大学の「論理的思考法」「認知科学入門」「社会心理学概論」のような講義で教科書・副読本として採用していただければ、前期15回・後期15回の合計30回の講義に各回2項目ずつ進行する60項目となるはずである。

　実際には、大学生ばかりでなく、どんな読者にも読みやすくするように、さまざまな工夫を凝らしてある。
「項目」は、できる限り見ただけで内容が浮かび上がるような表現にした。「関連」項目は、幅を広げすぎないように関係の深い項目に絞ってある。「参考文献」は、さらに興味を持った読者のために、引用文献に加えて推薦図書も含めてある。

　本書が、読者の「認知バイアス」理解ばかりでなく、人生を豊かにするためにお役に立つことを願っている。

　最後に、読者に、次の3つの質問を考えてみてほしい。

- 膨大な情報に流されて自己を見失っていませんか？
- デマやフェイクニュースに騙されていませんか？
- 自分の頭で論理的・科学的に考えていますか？

　本書を読み終えた読者は、これらの3つの質問に「イエス」と答えられるはずである！

　　　2021年2月23日
　　　　　國學院大學教授・情報文化研究所所長　　高橋 昌一郎

第 II 部　認知バイアスへの認知科学的アプローチ

第 **III** 部 認知バイアスへの
社会心理学的アプローチ

カバーデザイン	山之口正和（OKIKATA）	イラスト・図版作成	富永三紗子
本文デザイン	山之口正和＋沢田幸平（OKIKATA）	DTP	フォレスト出版編集部

第 I 部

認知バイアスへの論理学的アプローチ

どこか腑に落ちないものの、
反論する材料が見当たらずに
論破されてしまったという経験は誰しもあるはずだ。
あるいは、同じ日本語を使っていながらも、
意思の伝わらなさに愕然としたこともあるだろう。
第Ⅰ部では、
会話や議論を中心テーマにして、
このモヤモヤした違和感の正体に迫っていく。

「白黒つけろ」と言われたときは、あえてグ
レーゾーンを選択肢に入れよう。

二分法の誤謬
Fallacy of False Choice

意　味	実際にはより多くの選択肢が存在するにもかかわらず、限られた選択肢しかないと思い込んでしまうことにより生じる誤謬。

関　連	滑りやすい坂論法（→30ページ）　希望的観測（→58ページ）

選択肢は本当に2つしかないのか？

「あなたに最近いいことがないのは、運気が滞っているからです。この壺を買って部屋に飾れば、必ずいいことがありますよ。しかし、買わなければ、あなたは不幸になります」

平時にこんなことを言われても、買うという人はほぼいないだろう。しかし、藁にもすがるような状況のときに、壺を買えば「子供の不治の病が治る」「あなたを不幸にしている霊が消える」などと言葉巧みに迫られたとしたら……。

このように精神的に追い詰められた状況に陥ったとしても、壺を「買う」「買わない」の2つの選択肢以外に目を向けるべきだということは、ぜひ思い出してほしい。

なぜなら、**選択肢は2つしかないわけではなく、隠された選択肢がまだ**

存在しているからだ。それにもかかわらず、白か黒か、どちらかをはっきり決めるように選択を迫るような議論の手法には二分法の誤謬が隠されている。

　特に、選択肢を狭め、相手を極限状態に追い込むことで、自分に都合の良い選択を引き出そうとする際に用いられる論法である。

極限の状況下でも選択を誤らないために

　先の例では、どのように考えてしまっていたのだろうか。以下で、その点について見ていこう。

　提示されている選択肢は、次の2つである。1つ目の組み合わせは、「壺を買えば不幸にならない（つまり、幸せになれる）」となる。続いて、2つ目の組み合わせは、「壺を買わなければ不幸になる」である。

　これらの組み合わせは、（図1）のように与えられる。これら極端な2つの選択肢を突きつけられることによって、人は自分には限られた選択肢しかないのだと勘違いしてしまう。

　では、このような状況に陥ったとき、なぜ人は間違った選択をしてしまうのだろうか。先にも述べたように、この二分法の誤謬は、相手が極限の状況に追い込まれている際に用いられることが多く、そして、そのような状況に追い込んだ上で、相手の弱みに付け込み、正常な判断を行いにくくさせるからだ（相手の恐怖心につけ込む方法は恐怖に訴える論法と呼ばれる）。

　そこで、極限の状況下でも二分法の誤謬に惑わされないための以下につづく考え方をぜひ学んでいただきたい。

図1　二者択一と思わされた選択肢

	壺	不幸
選択肢1	○（買う）	×（不幸にならない）
選択肢2	×（買わない）	○（不幸になる）

隠されていた2つの選択肢

ここでもう一度考えてほしいのが、先ほど提示した選択肢の数について
である。

　① 壺を買えば不幸にならない（つまり、幸せになれる）。
　② 壺を買わなければ不幸になる。

では、本当にこの2つの組み合わせしかないのだろうか。じつは、まだ
ここには、**提示されていないさらに2つの選択肢「壺を買っても不幸にな
る」と「壺を買わなくても不幸にならない」が存在している**（図2）。
「白黒はっきりしろ！」「挑戦した人は皆ステップアップしているぞ！」
などと選択を迫る人は、意識的・無意識的かはさておき、他の選択肢があ
るにもかかわらず、自分に都合のいい選択肢だけを提示し、答えを引き出
そうとしている可能性があることを覚えておきたい。

図2　隠されていた2つの選択肢

	壺	不幸
選択肢3	○(買う)	○(不幸になる)
選択肢1	○(買う)	×(不幸にならない)
選択肢2	×(買わない)	○(不幸になる)
選択肢4	×(買わない)	×(不幸にならない)

選択肢の数がわかる計算式

選択肢の数が本当はいくつあるのかが知りたいときには、**計算式「2^n」
に当てはめて考察する**ことで、自分が選択できる選択肢を網羅して検討す
ることが可能となる。

　ここでの「n」は組み合わされる項目の数、「2」は組み合わされる項目

のそれぞれに対し「採用する（○）」「採用しない（×）」の2つの選択肢の可能性があることを表す。この計算式を用いることで、より一般的に、自分が置かれている状況について、選択することのできる選択肢の数を計算することが可能となる。

　たとえば、「弁護士になる」と「お金に困る」からも、4つの選択肢をつくることができる。このとき、どのような選択肢が存在するかわかるだろうか？

　もちろん、最終的にどの選択肢を選ぶかは本人の自由ではあるが、すべての選択肢の存在を知った上で選択を行うのと、限られた選択肢の中から、逼迫した状況で選択を行うのとでは、たとえ、結果は同じでも、その意味はまったく異なる。

　自分の選択に後悔をしないために、以上のように自分の置かれている状況をきちんと整理することで、誤った判断をすることを防ぐことは可能となる。

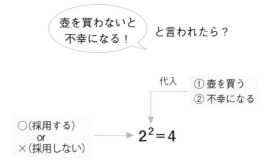

選択肢の数がわかる計算式

$$2^n = 選択肢の数$$

壺を買わないと不幸になる！　と言われたら？

代入
① 壺を買う
② 不幸になる

○（採用する）
or
×（採用しない）

$$2^2 = 4$$

参考文献

Edward Damer, Attacking Faulty Reasoning: A Practical Guide to Fallacy-Free Arguments, Cengage Learning, 2008.

Bowell Tracy and Kemp Gary, Critical Thinking: A Concise Guide, Routledge, 2015.

Eugen Zechmeister and James Johnson, Critical Thinking: A Functional Approach, A Division of International Thompson Publishing, 1992. ［E.B.ゼックミスタ／J.E.ジョンソン（宮元博章／道田泰司／谷口高士／菊池聡訳）『クリティカルシンキング　実践篇』北大路書房、1997年。］

高橋昌一郎『哲学ディベート』NHK出版（NHKブックス）、2007年。

高橋昌一郎（監修）・三澤龍志「みがこう!論理的思考力」『Newton』ニュートンプレス、pp.114-117、2020年9月号。

どこまでが砂山？ 「砂山のパラドックス」
で考える言葉の曖昧さとボーダーライン。

ソリテス・
パラドックス

Sorites Paradox

| 意 味 | 定義が曖昧な語を用いることによって生じる誤謬。 |

| 関 連 | 多義の誤謬（→22ページ）　覆面男の誤謬（→62ページ） |

▌ じつは使いづらい「新しい」という言葉

「新しい企画を決めよう！」という号令のもと、会議をしたもののなかな
か決まらない、ということは、ビジネスにおいてはよくあることである。

その原因はいくつかありそうではあるが、もしかしたら、ここで用いら
れている「新しい」という語の曖昧さが関係しているかもしれない。

この「新しい」という語の用い方は実は難しいのだが、それを考えるた
めに、砂山のパラドックスという概念を参照してみよう。

砂山のパラドックスは、ソリテス・パラドックスの1つとして知られて
いる。このパラドックスを最初に指摘したのは、ミレトス出身でメガラ派
の哲学者エウブュリデス（紀元前4世紀ごろ）と言われている（彼は62ペー
ジの「覆面男の誤謬」についても指摘した）（Hyde and Diana, 2018）。砂山のパ
ラドックスと類似のパラドックスとしては、ハゲ頭のパラドックス、ロバ
のパラドックス等が知られている。

「砂山」の定義とは？

完成した砂山から1粒砂を取り除いていく様子を想像してみよう。

このとき、「砂山から砂を1粒取り除いてもそれは依然として砂山である」が成り立つと言える。そこで、この議論に基づいて、砂山から砂を1粒ずつ取り除く作業を繰り返していくと、残されたものも依然として砂山ということになる。ところが、この作業を繰り返していくと、いつかは1粒の砂が残されることになる。

では、これまでと同様に、残った1つの砂粒を砂山と呼べるだろうか。

おそらく多くの人は、1粒の砂粒を砂山と呼ぶことには抵抗があるだろう。しかし、今見たような連続した議論からは、**この1粒の砂も砂山であるという結論が生じる**ことになる。

このように、**意味が曖昧な語に明らかに正しい議論を適用することでパラドックスが生じてしまう**のである。

これは、先ほど言及した他の2つの例でも同様である。これらについても見てみよう。

砂山のパラドックスとは？

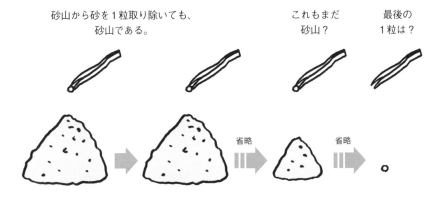

砂山から砂を1粒取り除いても、砂山である。

これもまだ砂山？

最後の1粒は？

省略

省略

まずは、ハゲ頭のパラドックスである。髪の毛のない人、いわゆるハゲの人に髪の毛が1本生えても、依然としてハゲのままであると考えるのが自然だが、このまま髪が生え続けると考えるとどうなるだろうか。「ハゲに髪の毛が1本加わってもハゲのままである」はずなので、その人に髪の毛が何本生えても、依然としてハゲのままということになる。

　次は、ロバのパラドックスについてみてみよう。ロバが背負っている藁の束に、新たに藁を1本追加しても背骨が折れることはないはずだ。そこで、この操作を繰り返し、藁をどんどん追加していく。すると、このままロバに藁を永遠に追加してもロバの背骨は折れないという結論が生じる。しかしながら、いつかはロバの背骨が折れてしまうことは想像に難くない。

▎意味が曖昧な語とボーダーライン

　このパラドックスが生じてしまう原因は、先に見た「砂山」（あるいは「ハゲ」「藁の束」）の定義が曖昧であることにあると言える。「砂山」の意味を辞書で調べてみると、「砂の山。砂丘」と出てくる。これでは、言い換えただけで、語の定義になっていないことがわかるだろうか。

　では、このような語の曖昧性はどのように取り除くことができるだろうか。以下、このパラドックスの解決法の1つを見てみよう。

　そもそも、語の曖昧性は「砂山である」「砂山でない」のどちらとも決められないボーダーラインの状況において主に生じてくる問題だ。というのも、何万粒もの砂つぶが積み重なったものが砂山と呼ばれることに反対する人はいないだろうし、たった1粒の砂を砂山とは呼ばないことに反対する人はいないと考えられるからである。

　このように考えると、**意味が曖昧な語を扱う際には、ボーダーラインの状況をどのようにとらえるかが重要である**ことがわかる。

　そこで、ボーダーラインの範囲内では、その語についてその都度の審議が必要であると決めてしまえばよく、そうするとそれ以外の部分では、パ

ラドックスを引き起こすことなく語を用いることが可能となる。

こんな曖昧な言葉にご用心

このような曖昧性を持つ語として「古い」「若い」なども考えられる。

この種の語を用いる際には、**自分が用いているその語がどの範囲を指すのか、周囲とその範囲について了解がとれているのかどうかを確認することで、無駄な衝突を避けることが可能になる。**

最初の例でも、「新しい」という語の範囲をあらかじめ定めておくことで、会議もスムーズに進行しやすくなるかもしれない。

あなたにとっての「最近の若者」とは？

| バブ | 赤ちゃん！ | 自分世代！ | うちの息子くらい | 50代はまだまだ若い！ |

それぞれの立場で定義が異なる。
このような場合、議論が混乱しないために…

議論が必要な範囲を決めよう！

例：16 〜 22歳の高校生、大学生くらいの年齢
例：30 〜 45歳の働き盛り
例：団塊ジュニアにあたる40歳代

参考文献

Dominic Hyde and Diana Raffman, "Sorites Paradox", in The Stanford Encyclopedia of Philosophy, edited by Edward N. Zalta, 〈https://plato.stanford.edu/archives/sum2018/entries/sorites-paradox/〉, 2018.
高橋昌一郎(監修)『絵でわかるパラドックス大百科 増補第一版』ニュートンプレス、2021年。
吉満昭宏「ソリテス・パラドクス」飯田隆(編)『論理学の哲学』講談社、2005年。
新村出(編)『広辞苑』岩波書店、第七版、2018年。

アリスがジャムをもらえる日は、いつになっ
たらやってくるのだろうか？

多義の誤謬

Equivocation

意　味	2つの前提の中で同じ語が、関連はあるが異なる意味で用いられることにより生じる誤謬。

関　連	ソリテス・パラドックス（→18ページ）　覆面男の誤謬（→62ページ）四個概念の誤謬（→78ページ）

親友がいれば働く必要はない？

ある学食での、男子学生の会話を見てみよう。

男子学生1：親が億単位で財産を持ってたら、就活なんてしなくて
　　いいのに……。
男子学生2：いや、お前は莫大な財産を持ってるよ。
男子学生1：は？
男子学生2：親友ってのは財産だろ？　つまり、オレはお前にとっ
　　ての財産なんだよ。
男子学生1：ま、まあな……。
男子学生2：だから就活なんてやめてしまえ。
男子学生1：アホか。

　男子学生1は「アホ」と突っ込んだが、**じつは男子学生2の言葉は推論の形式としては間違っていない。**ここでは、推論の前提がどちらも真であり、真な命題に正しい推論を適用したにもかかわらず、明らかに偽と思われる結論が導かれているのである。この会話をシンプルな三段論法の形にまとめてみよう。

　　前提1：財産があれば就活をしなくていい。
　　前提2：親友は財産である。
　　結論：したがって、親友がいれば就活をしなくていい。

　前提1と2は、決して間違ったことは言っていない。したがって、そこからは正しい結論が導かれることになる……はず。つまり、「推論の形式としては間違っていない」わけだ。

　ところが、実際は間違った結論が出るのはなぜか？　それは、**論証の前提の中で、語を多義的に用いてしまったから**である。このように生じる誤謬は、多義の誤謬と呼ばれる。ここでは、「財産」という語が多義的に用いられている。1つ目は「文字通りのお金」という意味だが、2つ目では「貴重な価値を備えたもの」という意味で用いられている（2つ目は比喩的な用い方だが、このような語の使用も「財産」という語にとっては重要であろう）。

　このように、前提の中で同じ語を異なる意味で用いてしまうと、おかしな結論が出てきてしまう。

　英語であれば、「end」という語が「目的」「終末」という異なる意味を持つことから、多義の誤謬の例としてよく用いられる。

▍ジャムをもらえる「日」は来るのか？

　多義の誤謬を考える材料として、『鏡の国のアリス』に出てくるエピソードも見てみよう。

　『不思議の国のアリス』の続編にあたる『鏡の国のアリス』では、アリス

は鏡を通って別世界に迷い込み、さまざまな冒険を繰り広げる。その途中で、出会った白の女王から、アリスは「給料として、週に2ペンスと1日おきのジャムを渡す」という条件のもと、自分の着付け係になるように命じられる。しかし、白の女王はジャムを渡す気はさらさらない様子。

「1日おきのジャムですよ。今日は今日、おきの日とはいえませんからね」（訳、強調は〈矢川, 1994〉による）。これに従うと、いつになってもジャムをもらえる「日」は来ないということになる。

　当然、白の女王の主張は滅茶苦茶なのだが、この非常にややこしい謎かけを原文から分析してみよう（Lewis Carroll, "Through the Looking Glass," The Complete Illustrated Works of Lewis Carroll, Chancellor Press, 1982.）。

　　「1日おきのジャムですよ。今日は今日、おきの日とはいえませんからね」
　　" It's jam every *other* day; to-day isn't any *other* day, you know. "

（強調は出典による）

　この「other day」の用い方が巧妙なのである。「other day」は、2カ所に出現する。1つ目は、「every other day」で「1日おきに」という意味を

図1　それぞれの「今日」から見た2ペンスとジャムがもらえる「おきの日」

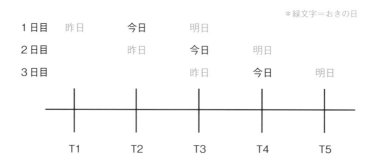

「今日」を基準に考えると、「おきの日」は永遠にやって来ない。

表す。今日（T2）を中心に考えると、ジャムがもらえるのは昨日（T1）と明日（T3）となる。

その一方で2つ目は、たとえば、T2から見た明日（T3）が、日が明けて新たに今日になったと考えると、今日（T3）から見た「おきの日」を意味していると考えることができる。つまり、T3の昨日（T2）と明日（T4）である（図1を参照）。

このとき、**2つの「other day」は異なる日を指しており、多義的に用いられている**のである（ただしこの例は、もとが英語であるため、より詳細な議論が必要とされるかもしれない）。

同じ語でも、用い方や意味はたくさんある

アリスと白の女王のエピソードから得られる教訓の1つは、**語はさまざまに用いることができるうえ、複数の意味があるということを意識しなければならない**ということだ。

このような意味を複数持つ語は、もちろん他にもある。そのため、多義の誤謬は日常でもよく生じる。

日本語の単語では、「適当」や、「結構」などが挙げられる。「適当」は「ほどよくあてはまる」と「いい加減」などのように、異なる意味を持つ。「結構」は「申し分のないこと」や「十分」などの異なる意味を持つ。

もし、会話の中で相手が理解してくれない、あるいは、相手の説明が全然理解できない……と感じることがあるときは、自分や相手が多義の誤謬に陥っていないかを一度疑ってみるべきだろう。

参考文献

Robert Audi, The Cambridge Dictionary of Philosophy, Cambridge University Press, 1999.
Irvinc Copi, Introduction to Logic, Macmillan, 1961.
Bowell Tracy and Kemp Gary, Critical Thinking: A Concise Guide, Routledge, 2015.
Anthony Weston, A Rulebook for Arguments, Hackett Publishing Company, 2018. ［アンソニー・ウェストン（古草秀子訳）『論証のルールブック』筑摩書房（ちくま学芸文庫）、2019年。］
新村出（編）『広辞苑』岩波書店、第七版、2018年。

相手を信用しきってしまう前に、言葉の
ループにくさびを打て。

循環論法
Circular Argument

| 意　味 | 論証されるべき結論を、前提として用いる議論。 |

| 関　連 | 滑りやすい坂論法（→30ページ） |

それさっき言ったよね？

「Aさんの言ったことは信用して大丈夫。なぜならいい人だからなんだけ
ど、それはAさんを信用できるからだよ」

　そんなことを親友から言われれば、多くの人が多少なりともAさんへ
の警戒を緩めるだろう。

　しかし、どこか腑に落ちないところもあるのではないだろうか。冒頭の
発言の構造を取り出してみよう。

　　「Yである、なぜならXだから」
　　「Xである、なぜならYだから」

　最初の主張に注目したとき、YはXによって正当化されている（ここで
のXは「Aさんはいい人」、Yは「Aさんの言ったことは信用できる」となる）。こ

れだけを見れば、特に問題はないように思われる。しかし、「それはＡさんを信用できるから」が続けて主張されると、状況は変わってくる。

ここでは、X（これは、最初にYを正当化するために用いられている）を正当化するために、Yが用いられている。そのため、この構造から循環が引き起こされる。このように循環する議論のこと循環論法という。

この循環は、結論となり、前提となる項目の数が増えた場合にも同様に生じる。項目が増えた場合は、以下のように最後のXnを正当化するためにX1を用いることで、やはり議論が循環してしまう。

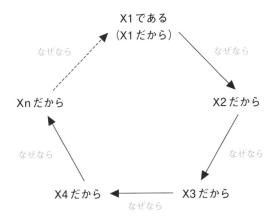

項目が増えると、その循環の構造はさらに複雑になり、見破るのが難しくなる。このようにして、**循環論法では最初に正当化したかった事柄が、結局のところ正当化されないまま、議論が循環してしまう事態に陥る**のである。

▍少し複雑にすると違和感がやわらぐ

冒頭の例は、循環している文言が連続して言われたため、循環していることが比較的わかりやすかったかもしれない。しかし、どこか変だということにすぐに気がついた！　という人も、次の例文のように少し複雑にな

るだけで、先ほどよりも違和感はやわらぐはずだ。

　Aさんの言ったことは信用して大丈夫。なぜならとてもいい人だから。これまでにも、彼はいろんな人を助けてきたんだよ。だっていい人だから。いい人なのは、Aさんの言ったことを信用できるからだよ。

　言っていることは同じであるにもかかわらず、説得力が上がったように感じるのではないだろうか。

　相手に悪意がない日常の会話であれば、多少循環していようが気にする必要もないだろうが、カルト宗教や霊感商法、マルチ商法の勧誘でこのような言い回しに説得力を感じてしまうと、引くに引けない状況になってしまうかもしれない。

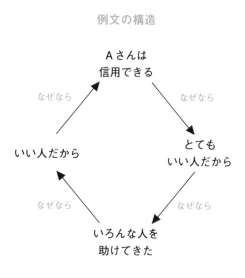

例文の構造

Aさんは
信用できる

なぜなら　　　　なぜなら

いい人だから　　　とても
　　　　　　　　いい人だから

なぜなら　　　　なぜなら

いろんな人を
助けてきた

　友人に異性を紹介されるという状況を想像したほうが身近に感じるかもしれない。「何としても素敵な異性と出会って付き合いたい！」という気持ちが強ければ強いほど、相手を信用してしまうだろう。そして、結果としてガッカリするというオチがままあるのである。

結論は1カ所のみ

　循環論法では、最終的には何も正当化されないまま空虚な議論が永遠に続くことになる。

　このような状況に陥ることを防ぐためには、最後に導き出されるべき結

論（最初の例では「Aさんの言ったことは信用して大丈夫」）が、同じ議論の中で何かしらの主張を正当化するために用いられていないかを注意深く観察すればいい（最初の例では結論が「Aさんはいい人」の正当化のために用いられている）。もし、議論がこのような構造を含んでいたら、循環している可能性がある。

　この点に注意すれば、自分が循環論法に陥るのを防ぐことも、相手が循環論法を用いていることを見破ることも容易に可能となるだろう。

語のレベルでも定義は循環する

　さて、循環論法と関連して、語の定義も循環することがあるということについても見てみよう。

　たとえば、『広辞苑』で「おにぎり」をひいてみる。すると、「にぎりめし。おむすび」と書いてある。一方、「にぎりめし」には「握り固めた飯。むすび。おにぎり」と書いてある。定義が循環していることがわかるだろう。

　このように**語のレベルでも循環する**ことがある。これを言語の不安定な性質と見て取ることもできる。しかし、そのように完璧ではない言語体系でも、我々はコミュニケーションを営むことが可能である。そこもまた、言語の不可思議で魅力的なところといえよう。

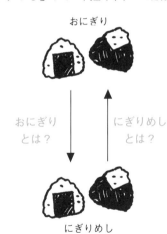

おにぎり

おにぎり
とは？

にぎりめし
とは？

にぎりめし

参考文献

Irvinc Copi, Introduction to Logic, Macmillan, 1961.
Bowell Tracy and Kemp Gary, Critical Thinking: A Concise Guide, Routledge, 2015.
Anthony Weston, A Rulebook for Arguments, Hackett Publishing Company, 2018. ［アンソニー・ウェストン（古草秀子訳）『論証のルールブック』筑摩書房（ちくま学芸文庫）、2019年。］
高橋昌一郎（監修）・三澤龍志「みがこう!論理的思考力」『Newton』ニュートンプレス、pp.116-119、2021年2月号。
新村出（編）『広辞苑』岩波書店、第七版、2018年。

坂道を転げ落ちる前に、その話に明確な
因果関係があるかを見極めよ。

05

滑りやすい坂論法
Slippery Slope

意 味	比較的小さな最初のステップが、その後の起こるべきではない結果に導く一連の出来事を不可避的に引き起こしてしまうので、その最初のステップを起こさないようにしなければならないと主張すること。
関 連	二分法の誤謬（→14ページ）　循環論法（→26ページ） 希望的観測（→58ページ）

弁護士になれなければ幸せにはなれないのか

　あなたには、現在法学部に通う息子がいる。子供の頃から息子は、弁護士になるのが夢だと言っていた。しかし、今は勉強をしている気配がまったくない。そんな息子に、妻は次のように言った。

　妻：司法試験に通らないと弁護士になれないわよ。
　息子：そんなのわかってるよ。
　妻：弁護士になれないと、お金に困るでしょ。お金に困ると、いい
　　　暮らしができないわ。いい暮らしができないと、幸せになれない
　　　じゃない。だから、司法試験に絶対合格しないとダメよ！

　このやり取りを聞いて、あなたは「確かにそうかな」と考えた。しか

し、本当にそうだろうか。

この議論は、滑りやすい坂論法として知られている。この論法を用いる人は、**正しい最初の出発点から、望ましくない結論が導き出されてしまうため、相手に最初の選択が間違っていると迫る**のである。

そのため、この論法は希望的観測の節で見る感情に訴える論法との関連も指摘されている（Tracy and Gary, 2015）。

滑りやすい坂論法に潜む推移性

この議論では、条件文（AならばB）の推移性（「AならばB」と「BならばC」が成り立てば、「AならばC」も成り立つ。このとき、「ならば」は推移性を持つと言う）が用いられている。この構造は、次の例を見たほうがわかりやすいかもしれない。

> 風が吹くと砂埃が出て盲人が増える。盲人は三味線をひくのでそれに張る猫の皮が必要になり、猫が減る。そのため、ネズミが増える。ネズミが増えると、桶を齧る。結果として、風が吹けば、桶屋が繁盛する。

ここでは、「風が吹けば砂埃が出て盲人が増える」で始まり、最後には、「風が吹けば桶屋が繁盛する」と結論付けられる（滑りやすい坂論法のどこで推移性が用いられるかは次ページの図1を参照）。

曖昧な因果関係に基づいて語られる主張

滑りやすい坂論法では、先に見た条件文の推移性が用いられているが、ここで注目しなければならないのは、**用いられている条件文が本当に正しい因果関係に基づいて述べられているか**ということについてである。

冒頭の「司法試験に通らないと弁護士になれない」は、司法試験に合格しなければ弁護士にはなれないので、明確な因果関係を表現していると言

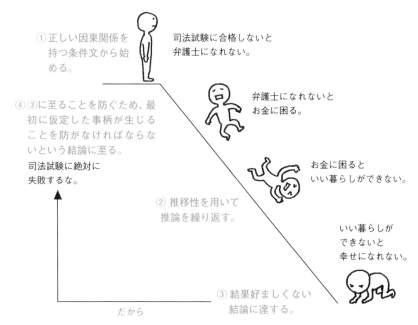

図1　滑りやすい坂論法の概念図

①正しい因果関係を持つ条件文から始める。

司法試験に合格しないと弁護士になれない。

弁護士になれないとお金に困る。

④③に至ることを防ぐため、最初に仮定した事柄が生じることを防がなければならないという結論に至る。

司法試験に絶対に失敗するな。

お金に困るといい暮らしができない。

②推移性を用いて推論を繰り返す。

いい暮らしができないと幸せになれない。

だから

③結果好ましくない結論に達する。

える。しかし、その後の「弁護士になれないと、お金に困る」「お金に困ると、いい暮らしができない」「いい暮らしができないと、幸せになれない」という主張に関しては、**一概にそこに明確な因果関係があるとは言い切れない。曖昧な因果関係に基づいている**と考えるのが自然である。

　たとえば、「弁護士になれないと、お金に困る」は、「弁護士になれば、お金に困ることはない」という内容を含んでいると考えられるが、この条件文に含まれる「弁護士になれば」を「医者になれば」に変えても文は成立する。もちろん、「公務員になる」などでも成立するはずである。

　このことから、「お金に困ることはない」を引き起こすと考えられるものは、「弁護士になること」だけではないため、**「弁護士になれないと、お金に困る」という主張には、何の明確な証拠もない**ことがわかる。

　しかし、論理の構造に惑わされ、そこで用いられている条件文の因果関

係を精査しきれないとき、誤った論法で導き出された結論であるにもかかわらず、人は説得されてしまうのである。

証拠や例外を探せ

では、この滑りやすい坂論法で、相手があなたを論破しようとしてきたとき、どのように対抗すればいいだろうか。

最も簡単なのは、**相手に「その証拠を見せてほしい」と迫る**ことである。先の例でいえば、「弁護士になれなければ、お金に困る」は本当なのか、証拠の提示を求めるのだ。

もちろん、息子かあなたがこのように反論したとしたら、妻と口論になってしまうことは、想像に難くないので、問題の解決にはならないと感じた人もいるだろう。では、口論になることを避けてどのように話を進めればいいのだろう。

まずは、妻の論理が破綻していることには触れず、息子が本当に弁護士になりたいと考えているのかを確認する。もし、弁護士になるという夢をあきらめていないのであれば、可能なかぎり協力すればいい。一方、もう弁護士になりたくないと言うのであれば、その理由を聞き、新しい目標について相談に乗る。

このように息子から話を聞きだすことができるのは、妻の**論理が破綻していることを見抜けている**からこそである。あなたは、妻と口論にならず、息子の気持ちを汲み取ることができるだろうか。

参考文献

Edward Damer, Attacking Faulty Reasoning: A Practical Guide to Fallacy-Free Arguments, Cengage Learning, 2008.

Bowell Tracy and Kemp Gary, Critical thinking: A Concise Guide, Routledge, 2015.

Eugen Zechmeister and James Johnson, Critical Thinking: A Functional Approach, A Division of International Thompson Publishing, 1992.［E.B.ゼックミスタ／J.E.ジョンソン（宮元博章／道田泰司／谷口高士／菊池聡訳）『クリティカルシンキング　実践篇』北大路書房、1997年。］

坂原茂『日常言語の推論』東京大学出版会、1985年。

論理学系
バイアス

今の時代、「○○はみんな△△だ」と言ったら、失言になる可能性が高い。

06

早まった一般化
Hasty Generalization

意　味	十分なデータが出揃う前に一般化を行うこと。

関　連	チェリー・ピッキング（→38ページ）

ゆとり世代は本当に仕事ができないのか

　メディアにおいて、団塊、バブル、ロスジェネ、ゆとり、さとり……などと世代を分けてそれぞれの特徴が論じられることは多い。特に、いわゆる「ゆとり教育」を受けたゆとり世代は、年長世代から「根性がない」「すぐ休もうとする」「仕事ができない」などと一方的なイメージで語られることが多く、悔しい思いをしている人が多いはずだ。

　確かに、そうしたイメージどおりの人も中にはいるだろう。しかし、他の世代にも仕事ができない人などいくらでもいるはずだ。

　現在では、ゆとり世代の多くが30歳前後の働き盛りのはず。自分の周囲を見渡しても、この年代で立派に仕事をしている人の顔を何人も思い浮かべられるだろう。

　このゆとり世代バッシングのように、**少数の個別の事例やイメージから、より一般的なより広い範囲に対しても、その性質が成立すると述べる**

早まった一般化の典型例

事実1：カラスは飛ぶ
事実2：スズメは飛ぶ
事実3：カモメは飛ぶ
事実4：ツルは飛ぶ

↓

結論（早まった一般化）
鳥はみんな飛ぶ

例外もいる！

ことを**早まった一般化**と呼ぶ。

　この早まった一般化を生み出す過程において、個別の対象が、ある性質を持っているということから、その個体が属する全体がその性質を持っていると結論づける帰納法が用いられている。

個別の性質から全体の性質を導く

　別の例で考えてみよう。

　ある人の血液型がA型で、その人が几帳面だとする。また、別のA型の人も几帳面だとする。そのまた別のA型の人も几帳面だとすると、私たちはそれらの情報から、**A型の人はみんな几帳面だと結論づけてしまいがち**だ。このとき実は、**帰納法が用いられている**。

　しかし、この結論に違和感を覚えた人もいるだろう。というのも、A型でももちろん几帳面ではない人もいるからである。

　これは、先ほどのA型の人に対する一般化を覆す反例になっている。したがって、ここで用いられた帰納法は間違っているということになる。

早まった一般化を防ぐには

　早まった一般化をしないためには、先ほどのように反例を常に意識する

ことが重要である。

　加えてもう1つ重要なのは、**一般化を行う際に、その対象の範囲を広げすぎないこと**である。「男はみんな〜」「女はみんな〜」などと言っているときには、一般化の対象となる範囲が広いため、反例も見つかりやすく、早まった一般化を起こしやすい。

　そのため、「日本人」「男性」「女性」「若者」「高齢者」などと、主語の範囲が広い場合には、イレギュラーが常に存在しうるのだと意識しておくべきである。

　ゆとり世代バッシングなら、まだ笑い話ですむかもしれないが、たとえば男性、あるいは女性を一括りに一般化してしまった結果、ジェンダーやフェミニズムの観点から問題点を指摘されることもありえる。

　あるいは、「中国人」「韓国人」といった国籍や、「白人」「黒人」といった人種についても、一括りにして語ることが差別やヘイトに結びつきやすいことは想像に難くない。

　とくに今は、誰でもSNSなどで不特定多数に向けて主張できる時代だ。個人が大きな主語を使って語ることにリスクが伴うことは肝に銘じておいたほうがいい。

　自分が、「○○はみんな△△だから」と言ってしまいそうなときは、一度落ち着いて、その主張に対し反例がないかを考えてみる必要がある。

帰納法が役に立つとき

　ところで、ここで見た帰納法による一般化の手法は、**マーケティングなどの場面では有効に働く**場合がある。

　たとえば、20代の男女が主にどこでお酒を飲むのかを調査したとする。このとき、主に家で飲む人が全体の65%、時々家で飲む人が全体の15%、家ではまったく飲まない人が全体の20%とする。

　もちろん、「20代のすべての男女が主に家でお酒を飲む」という結論にはできない。しかし、少なくとも「20代の多くの男女は主に家でお酒を

飲む」と結論付けることは可能であり、商品開発をする上では、十分に役に立つ情報になることだろう。

　このように**帰納法をうまく用いれば（具体的な数字を提示できればより望ましい）、ある集団の大多数の人が特定の条件を満たしていることを主張できる。**こうした帰納法の利用は、たとえばプレゼンなどの場面で、相手をうまく説得するツールにできる。

帰納法による一般化の手法

事実1：20代の男女の65％が主に家で
　　　　お酒を飲む。
事実2：20代の男女の15％が時々家で
　　　　お酒を飲む。
事実3：20代の男女の20％が家では
　　　　まったくお酒を飲まない。

20代がもっとお酒に親しめるような、家飲み用の新製品を出すべきではないでしょうか？

仮説：20代は家飲みが増えている。

一般化することで傾向をつかみ、
市場のニーズなどを予測することができる。

参考文献

Irvinc Copi, Introduction to Logic, Macmillan, 1961.

Edward Damer, Attacking Faulty Reasoning: A Practical Guide to Fallacy-Free Arguments, Cengage Learning, 2008.

Anthony Weston, A Rulebook for Arguments, Hackett Publishing Company, 2018. ［アンソニー・ウェストン（古草秀子訳）『論証のルールブック』筑摩書房（ちくま学芸文庫）、2019年。］

Eugen Zechmeister and James Johnson, Critical Thinking: A Functional Approach, A Division of International Thompson Publishing, 1992. ［E.B.ゼックミスタ／J.E.ジョンソン（宮元博章／道田泰司／谷口高士／菊池聡訳）『クリティカルシンキング　実践篇』北大路書房、1997年。］

高橋昌一郎（監修）・三澤龍志「みがこう!論理的思考力」『Newton』ニュートンプレス、pp.108-111、2020年12月号。

論理学系
バイアス

07

人は見たいものしか見ない、そして見せた
いものしか見せない傾向がある。

チェリー・
ピッキング

Cherry Picking

意　味	都合のよい特定の証拠にだけ着目し、それ以外の不都合な証拠を無視すること。

関　連	早まった一般化（→34ページ）　藁人形論法（→54ページ）希望的観測（→58ページ）

見たいものだけを見せる人、見る人

　生命保険会社、旅行会社、投資信託会社、ハウスメーカーなどのパンフレット、あるいは何らかの商材を紹介するWEB上のランディングページなどには、ある共通点がある。それは**基本的に「良い情報」ばかりが並んでいる**ことだ。

　それらを見て夢が膨らんで購入し、満足した人もいれば、失敗した人もいるだろう。

　企業側が「添乗員の仕切りが悪くて不快だった」「私は投資によって老後の資産を失いました」「思っていたのと違う家になりました」などの「お客様の声」を正直に入れるわけがない。

　こうした販売ツールは見込み客の購買意欲を喚起するためのものであるため、意識的に「良い情報」を集めているのだ。

　もちろん、個人のレベルでも生じうることではあるが、このように**自分**

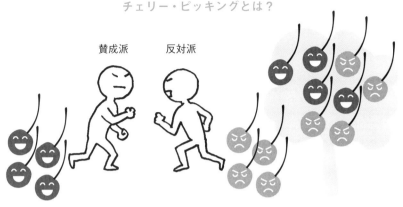

チェリー・ピッキングとは？

賛成派　　反対派

自分にとって都合のいいデータだけを
ピックアップして論じようとすること。

に都合の良い証拠だけを提示し、不都合な証拠を無視することがある。そうした議論の進め方をチェリー・ピッキングと呼ぶ。

　たとえば、結婚前のアツアツのころは相手の良いところばかりが目に入ったのに、一緒に暮らしてみると嫌な面が目立つようになって離婚したくなった……というよく聞く状況もまた、チェリー・ピッキングに陥った結果といえるだろう（嫌な面が目立つというのも、逆の意味でチェリー・ピッキングをしているといえる）。

不都合なものは見たくない

　チェリー・ピッキングに陥りやすい傾向の人は、自分に都合のいい証拠だけを提示することで、相手を説得しようとする。

　しかし、実際には自分が提示した「都合の良い」証拠以外にも、自分の主張を妨げるような不都合な証拠が存在しているかもしれない。

　ところが、その不都合な証拠を提示してしまうと、自分の主張が覆される恐れがある。そのため、その不都合な証拠を隠して議論を進めようとしてしまう。

このように説明されると、チェリー・ピッキングをすべきではない、と思われるかもしれない。たしかに、無意識的に行っているのであれば問題かもしれない。

　しかし、シーンや立場によって、たとえば冒頭の販促パンフレットのように、相手に不利益を与えることが目的ではない場合には、あえて意識的に行うことは、必ずしも責められるべきではない。

　たとえば、プレゼンなどの場面を考えてみよう。**自分や会社の企画に自信を持っているのであれば、意識的にチェリー・ピッキングをし、良い情報を相手に伝えたほうが契約を取りやすくなる。**

　もちろん、あからさまにメリットばかりを押しつけると怪しまれるので、デメリットを提示しつつ、それを上回るメリットを強調すれば、相手もより信用してくれるようになるだろう。

　こうした意識的なチェリー・ピッキングは、自分の評価につなげることができる。

納得するためにも不都合な真実を疑え

　その一方で、もし相手がこのようにして、あなたを説得しようとしてきた場合どのように反論すればいいだろうか。

　話がうますぎると思ったときには、**語られていない不都合な真実の存在を疑ってみるべき**である。

　家や保険などの契約を結んだりするときに、最初は伏せられていた事実が後から発覚し、結果的に損をするということになりかねない。

　しかし、契約前に不都合な証拠が明らかになっても、それをどのように克服するのかを相手に確認することができれば、自分にとって納得できる落とし所を見つけることができるかもしれない。

チェリー・ピッキングの扱い方

　「うまい話には裏がある」とよく言われるように、たいていの物事にはコ

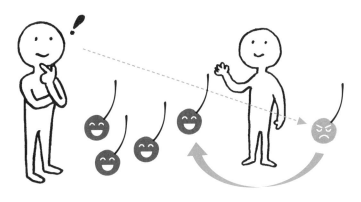

不都合な情報についても、相手が納得できるような説明を
準備することで、印象をガラリと変えることができる。

インと同じで裏表があるものだ。

　無意識にチェリー・ピッキングに陥っている状態はもとより、故意に不利な情報を無視することは、相手に指摘されて足元をすくわれるリスクを常にともなう。

　自分自身を守るためにも、あえて不都合な情報にきちんと向き合い、対策を考えたほうが、結果的に相手の疑念を晴らすことにつながるはずだ。

　そのうえでチェリー・ピッキングを行えば、得られるメリットはより大きなものになるだろう。

参考文献

Edward Damer, Attacking Faulty Reasoning: A Practical Guide to Fallacy-Free Arguments, Cengage Learning, 2008.
高橋昌一郎『感性の限界』講談社(講談社現代新書)、2012年。
高橋昌一郎『反オカルト論』光文社(光文社新書)、2016年。

08

ギャンブルにはまる人は、なぜギリギリまで
お金をつぎ込んでしまうのか？

ギャンブラーの誤謬
Gambler's Fallacy

意　味	赤黒のルーレットゲームのような、1回ごとの試行が独立なランダム事象系列に対して、一方が連続で出た後は、もう一方が出るに違いないと考える誤り。
関　連	連言錯誤（→66ページ）

ギャンブルがやめられないのはなぜか

　パチンコやスロットにはまっている人の多くが共通して陥ってしまう思考回路がある。

　何度もリーチを外しても、**「これだけ回ったんだから、そろそろ大当たりが来るだろう」** などと考え、千円札や万札をつぎ込み続けてしまうのだ。

　もちろん、このあと大当たりが来る保証などどこにもないが、投入したお金が大きければ大きいほど頭が熱くなり、冷静な判断ができなくなってしまうのだ。

　こうしたパチンコをはじめとする、ギャンブルに興ずる人が陥りやすい誤った考え方をギャンブラーの誤謬と呼ぶ。ギャンブラーの誤謬の例としてよく用いられるのが、1913年にモナコのモンテカルロカジノで起きた出来事である。

　このとき、ルーレットゲームで、26回連続でボールが黒に入ったのである。そのため、「次こそは」と赤にかけたギャンブラーは大金を失った。

5回連続で黒が出る確率は？

　一般に、連続して同じ結果が出ていると、次は異なる結果になるのではないかという心理が働くことが多い。なぜこのように考えてしまうのだろうか。

　ルーレットを回したとき、赤の出る確率と黒の出る確率は、それぞれ1/2である。これまで黒が連続で4回出ているとする。これに続いて、黒が引き続き5回連続で出る確率は図1の計算式で算出できる。

　つまり、3.125％しかない。このことから、次も黒が出る確率はかなり低いと考えられるので、「次は赤にかけよう！」とギャンブラーは考えてしまうのである。

　確かに、このように考えれば、確率的にも、黒がこれ以上連続で出ることはなさそうに感じてしまうため、次は赤が出るに違いないと、思い込ん

図1　ギャンブラーの誤謬と正しい考え方

1回目	2回目	3回目	4回目	5回目
黒	黒	黒	黒	？

$$\frac{1}{2} \times \frac{1}{2} \times \frac{1}{2} \times \frac{1}{2} \times \frac{1}{2}$$

5回目に黒が出る可能性は3.125％。
一方、赤が出る可能性は96％超。
よし、赤に賭けよう！

5回目に赤が出る可能性は $\frac{1}{2}$ である。
上記の計算は、あくまでも「5回連続」で黒が出る確率を
示したもので、「次に黒が出る確率」ではない。

でしまうのも無理はない。

このように、私たちはある一連の短い事柄に対しても、より長く続く一連の事柄と同様に（赤黒ルーレットゲームも長い目で見れば、赤と黒の出現は半数ずつになる）、赤と黒の出現の確率が半々になることを過度に期待してしまう。これは少数の法則と呼ばれている (Tversky and Kahneman, 1971)。

この期待が、人々をギャンブルに走らせてしまう要因の1つではないかと考えられる。

■ 連続する確率ではなく、1回ごとの確率を重視

前述のルーレットの事例でギャンブラーが気づくべきだったのは、「1回ごと」に赤と黒が出るそれぞれの確率である。落ち着いて考えれば、すぐにわかることであるが、ルーレットを回す1回ごとの赤と黒が出る確率は、いつも 1/2 である。これは、何回ルーレットを回しても変わることはない。

確かに黒が連続して5回出る確率は、1/32 であり、直感的には、次も続けて黒が出るとは思えない。しかし、この考え方には次の誤りが含まれている。

今、赤と黒が出る確率は常に1/2 なので、次に赤が出る確率も当然 1/2 となる。ここでは、**次に何色が出るのかについての確率は、それまでに何色が出たかの結果からは、影響を受けない**ということが見落とされている。**赤が出るか黒が出るかの確率は、1回ごとに予測をする必要がある**ということを意識していなければならないのである。

この点についてよく理解していれば、ギャンブルに必要以上にはまってしまうことはなくなるであろうし、誰かのギャンブル好きをやめさせようとする際にも、説得の一助になるかもしれない。

ただし、図2のように楽観的になりすぎるのもよくない。何事もほどほどが大切であると考え行動するのが良いだろう。

図2　過去は未来に影響しない（ギャンブルの場合）

1回目	2回目	3回目	4回目	5回目
負け	負け	負け	負け	?

確かに賭け事で4回負けが続いたからといって、
5回目も負ける可能性が高くなるわけではない。
よし、だからもう1回勝負！

このように考えると、結局ギャンブルをやめられない…

過去の結果は未来に影響しない

　さて、このルーレットの事例から得られる教訓がもう1つある。それは**過去は未来に影響を与えない**ということだ。

　この考え方は、他の事柄にも適用可能である。

　もちろん、人生において過去と未来はつながっており、断絶されることはない。しかし、いつまでも悪いことばかりが起き続けることは、そうそうない。したがって、「次にはいいことがあるかもしれない」「前向きに心を積極的に生きていれば必ず成功する」と前向きに考えることもまた、あながち単なる気休めではないだろう。

参考文献

Bowell Tracy and Kemp Gary, Critical Thinking: A Concise Guide, Routledge, 2015.
Amos Tversky and Daniel Kahneman, "Belief in The Law of Small Numbers,"
　Phycological Bulletin: 76, 105-110, 1971.
市川伸一（編）『認知心理学4:思考』東京大学出版会、1996年。
高橋昌一郎（監修）『絵でわかるパラドックス大百科 増補第二版』ニュートンプレス、2021年。
服部雅史／小島治幸／北神慎司『基礎から学ぶ認知心理学:人間の認識の不思議』有斐閣（有斐閣ストゥディア）、2015年。

人格と意見を切り離して論じることの難しさと、その妥当性について。

09

対 人 論 法
Abusive Ad Hominem

| 意　味 | 問題の論点ではなく、論じている論者が持つ性質などを批判することで、相手の主張を退けること。 |

| 関　連 | お前だって論法（→50ページ）　藁人形論法（→54ページ） |

掃除や洗濯ができない人は料理もできないのか

　次の電話での会話を読んでほしい。あなたが夫の立場だとして、妻の言っていることに納得できるだろうか？　あるいは妻の立場として、当然のことを言っていると感じるのだろうか？

　夫：もしもし。
　妻：どうしたの。
　夫：今日の夕飯は俺がつくろうかなと思って、何が食べたい？
　妻：……何バカなこと言ってるの？　掃除や洗濯もまともにできないのに、あなたに料理なんかできるわけないでしょ？
　夫：そうだね、ごめん。じゃあ、早く帰ってきてくれるとうれしいな。

　これを読んで、妻の言い分に納得できないという人は多いだろう。なぜなら、夫の主張の内容ではなく、その主張をしている夫のことが批判されているからだ。さらに、そのことを理由に、夫の主張まで退けられている。

　このように、**主張されている内容それ自体ではなく、論者の性質やあり方についての攻撃を行うことで、相手の主張を退けること**を対人論法と呼ぶ。

　これは、人格攻撃の1つである。**人格攻撃では、相手の議論が正当なものであるかを評価しようとするときに、その議論自体を評価するのではなく、その論者固有の（基本的にはその主張には関係がないと考えられる）部分（人格や肩書、出自、過去の経歴など）が評価される。**

　人格攻撃には、本節で扱っている対人論法を含めた、大きく3つの種類があることが知られている（Hansen, 2020）。

　残りの2つのうちの1つは、状況対人論法と呼ばれるもので、その人が自分自身の利益のために都合のいいことを主張しているに違いないと相手を非難する論法（状況対人論法は、対人論法の変種と考えられている）、もう1

対人論法の概念図

論者の主張ではなく、論者の人格や行動を
攻撃することで、論者の主張を退ける。

つが次節で扱う お前だって論法 である。

対人論法を仕掛けられたら、意外と勝利は近い!?

対人論法で攻撃をされた人は、自分の後ろめたい点にばかり意識が向き、自分の主張が間違っていない可能性があることを見落としてしまう。その結果、問題の本筋とはまったく関係のないところで相手に論破されてしまいかねない。

場の空気や相手との関係性にもよるのでたいへん難しいが、相手の攻撃がどれほど的確に自分の弱みを突いてきたとしても、それとこれとは関係ないと毅然と主張するしかない。

一方で念頭に置いておきたいのは、**自分の勝利は意外と近いかもしれない**ということだ。なぜなら、対人論法を仕掛けてきた相手は、あなたの主張に、もはや反論できないと考えている可能性が高いと考えられるからだ。正当な議論では勝てないので、論点をそらすのである。

人格と言動を分けて考えることは適切なのか

しかし、そもそも人格や立場を、主張と切り分けて考えることは本当に正しいのだろうか？　という疑問をお持ちの方もいるだろう。

たとえば、政治家が何らかの差別的な発言をしたとしよう。マスコミや世論は、「政治家のくせに」と一斉にその政治家を攻撃する。

ところが、その発言をしたのが、近所の飲み屋の酔っ払いならどうだろうか。あなたは、彼の発言を気にも留めないのではないだろうか。**状況によっては、「何を言ったか」よりも「誰が言ったか」に重点が置かれて論評することは肯定される。**

また、「主婦は楽でいい」と発言している人がいるとしよう。このような発言をする人をどのような人だと想像するだろうか。もし、実際の主婦が、365日休みなく働いているという状況（もちろん状況は人それぞれではあるだろうが）やその仕事が多岐にわたることなどを慮ることのできる人で

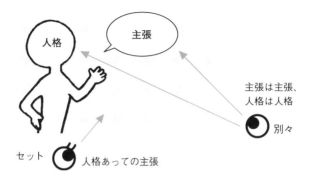

主張と人格を別々で見るか、セットで見るか

人格

主張

主張は主張、
人格は人格

別々

セット　人格あっての主張

あったなら、おそらくこのような発言はしないはずである。

　このように考えると、**相手の人格は多少なりとも相手の言動に影響を与えうると考えるのも自然**なように思われる。そうすると、たとえ議論の進め方としては間違ってはいても、相手の行動や発言には相手の人格が色濃く反映されていると考え、その人格に依拠して相手を攻撃するのを是とする考えも認めざるをえないのかもしれない。

　しかしながら、出自や性別、国籍、人種、容姿、宗教……といった、**本人の意志では変えがたい属性を取り上げて攻撃することは、相手の尊厳を貶める差別であり、ご法度である**ことは心得ておくべきである。

参考文献

Hans Hansen, "Fallacies," in The Stanford Encyclopedia of Philosophy, edited by Edward N. Zalta, 〈https://plato.stanford.edu/archives/sum2020/entries/fallacies/〉, 2020.

Bowell Tracy and Kemp Gary, Critical Thinking: A Concise Guide, Routledge, 2015.

Anthony Weston, A Rulebook for Arguments, Hackett Publishing Company, 2018. ［アンソニー・ウェストン（古草秀子訳）『論証のルールブック』筑摩書房（ちくま学芸文庫）、2019年。］

Eugen Zechmeister and James Johnson, Critical Thinking: A Functional Approach, A Division of International Thompson Publishing, 1992. ［E.B.ゼックミスタ／J.E.ジョンソン（宮元博章／道田泰司／谷口高士／菊池聡訳）『クリティカルシンキング　実践篇』北大路書房、1997年。］

伊勢田哲治『哲学思考トレーニング』筑摩書房（ちくま新書）、2005年。

ブーメランが飛んでこないように注意し、そ
して覚悟しておくこと。

10

お前だって論法

Tu Quoque

意 味	相手の主張が本人の振る舞いと食い違っていることを指摘し、論点をそらすことで相手を負かそうとする論法。

関 連	対人論法(→46ページ) 藁人形論法(→54ページ)

そんなこと言える立場なの？

　あなたはカフェで本を読んでいた。すると、カフェの店員が喧嘩_{けんか}をしている声が聞こえてきた。どうも、店員の1人がオーダーを取り間違えたらしく、その店員は、別の店員から責められているようである。

> **店員1**：なぜ、お前はいつまでたってもまともにオーダーも取ることができないんだ。
>
> **店員2**：仕方ないだろ！　似たメニューが多いんだよ！
>
> **店員1**：でも、今回はリゾットとパスタの違いだぞ！　それくらい区別できるだろ！
>
> **店員2**：同じテーブルの別の客がリゾットを頼んだから、もう1人もリゾットだと勘違いしただけだよ！　なんだよ、さっきから、お前だって、この前、間違えて料理を持って行ったじゃないか！

　　　　お前にだけは文句を言われたくない！

　「お前だって……」の文言で始まる反論を、あなたも受けたことがあるの
ではないだろうか。このように反論されたとき、とっさに反論できる人は
おそらく少ないだろう。
　「お前だって」で始まる攻撃はお前だって論法と呼ばれている。この論法
は、今攻撃をしようとしている相手に対して、まさにその相手が指摘した
自分に非があるとされている点が、相手にも指摘できることを利用して、
批判をそらす目的で用いられる。お前だって論法は、前節の対人論法と同
様に、人格攻撃の1つとされている。

議論の本筋に戻せ

　なぜこの論法が用いられたときに、相手は反論に窮してしまうのだろう
か？
　それは、「お前だって」と言って指摘された部分に思い当たる節がある
からだが、注意しなければならないのは、**ここで説得されそうになった部
分（お前だって失敗したことがあると指摘されている部分）は、議論の本筋と
は関係がない**ということである。
　もちろん、オーダーを取り違えることはあってはならないことである
が、この場合、問題は「今、オーダーを取り違えたこと」である。
　したがって、何か1つ別の論点を指摘され、論破されそうになっても、
その指摘された論点とは関係ない目下の問題まで論破されてしまうという
ことはない。
　上記を踏まえたうえで、「お前だって」と攻められそうになったときに
は、「今はそのことは関係ない」と、ただ一言返せばいいのである。そう
することで、少なくとも相手は、論点をそらすという形での反論はできな
くなるはずである。

泥沼の闘い

　このように、論点をすり替えて議論を展開する人は意外と多い。あなたも、誰かと口論しているときに「お前だって！」と反論したことがあるはずだ。この論法は、私たちが言い逃れをしようとする際に最も用いやすい手段かもしれない。

　ところで、お前だって論法は、対人論法への反論として用いられることもある。以下の例を考えてみよう。

　　夫：もしもし。
　　妻：どうしたの。
　　夫：今日の夕飯は俺がつくろうかなと思って、何が食べたい？
　　妻：……何バカなこと言ってるの？　掃除や洗濯もまともにできな

受けた指摘を相手の落ち度に変えるお前だって論法

ブーメランにご用心

建設的な議論をするためにも、お前だって論法は使わないほうがいい。
指摘する側も指摘される側も、完璧な人間などいないという
当たり前のことを思い出そう。

いのに、あなたに料理なんかできるわけないでしょ？

夫：お前だって、一度もうまく天ぷらをつくれたことはないじゃないか！

電話であれば、状況としてはまだいいかもしれない。このままどちらかが怒って電話を切ってしまっても、妻が帰宅するまでに互いに頭を冷やす余裕があるからだ。

しかしこれが対面であったとしたら、夫婦喧嘩は収拾がつかない事態になってしまう。対人論法やお前だって論法を駆使した闘いは、このように人間関係を泥沼化していく可能性をはらんでいることを肝に銘じておくべきだろう。

「お前だって」と言われないために

「お前だって」と言われないための一番の方法は、ミスをしないことである。しかし、誰だってミスはする。

それでも上司と部下の関係であれば、部下のミスを上司は注意しなければならない。それを「お前だって」と言われるのが嫌で、上司が注意しなかったとしたら、健全な上下の関係性とはいえず、上司のあるべき姿でもない。

デキる上司というのは、部下に「お前だって」と言われるリスクを抱えながらも、部下を注意し、自分を律しているものだ。

参考文献

Edward Damer, Attacking Faulty Reasoning: A Practical Guide to Fallacy-Free Arguments, Cengage Learning, 2008.

Hans Hansen, "Fallacies," in The Stanford Encyclopedia of Philosophy, edited by Edward N. Zalta, 〈https://plato.stanford.edu/archives/sum2020/entries/fallacies/〉, 2020.

Bowell Tracy and Kemp Gary, Critical Thinking: A Concise Guide, Routledge, 2015.

高橋昌一郎(監修)・三澤龍志「みがこう!論理的思考力」『Newton』ニュートンプレス、pp.112-115、2021年1月号。

論点をすり替えて架空の意見に対して釘を打つ人、打たれる人。

11 藁人形論法

Straw Man

意 味	相手の主張を単純化したり、極端にするような操作をし、その歪めた主張に反論すること。

関 連	チェリー・ピッキング（→38ページ）　対人論法（→46ページ） お前だって論法（→50ページ）

論点のすり替えに気づこう

　犬も食わないような例で申し訳ないが、以下の夫婦の会話から、どこに違和感があるかを読み取っていただきたい。

　妻：もういい加減、タバコをやめてよ！　子供が副流煙を吸うかもしれないんだから。お金ももったいないし。

　夫：いいじゃないか。たいして贅沢してないんだし。小遣いの範囲で少しくらい嗜好品に金を使ったっていいだろ！　お前が毎日飲んでるスタバのコーヒーもやめられるのか？

　夫が論点のすり替えを行っていることに気づいただろうか？　ここで妻は、単に「健康上の理由と金銭面の問題があるので、タバコをやめてほしい」と主張しているだけなのに、夫は妻の主張を「嗜好品はすべてよくな

藁人形論法の概念図

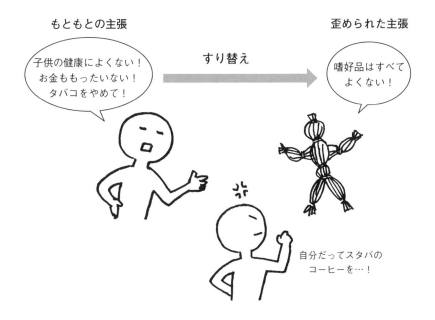

い」という主張に勝手にすり替え、妻を非難しタバコを吸うことを正当化している。

このように、**発言者の主張を単純化したり、逆に極端なものに勝手に置き換え、その歪めた論点を非難することで、議論を有利に進めようとする論法**のことを藁人形論法と呼ぶ。

論点をすり替えることで、議論を有利に進めようとするものとして、前節のお前だって論法や、以下のご飯論法などが挙げられる。

▎国会でも話題になったご飯論法とは？

藁人形論法という単語に聞き覚えのない方も、ご飯論法という言葉は聞いたことがあるのではないだろうか。

ご飯論法の概念図

> 朝ご飯を
> 食べましたか？

> 食べてないです。
> （パンは食べたけど）

妻：今日は帰りが遅かったわね。外でご飯食べてきたの？

夫：いや。ご飯は食べてないよ（飲んではきたけど）。

　ご飯を食べたかと聞かれて、飲酒（一般的には、簡単な食事も含まれるのが自然）を、「ご飯」とは異なるものと勝手にすり替えて、妻からの追及から逃れようとしている。

　夫は、**嘘をつかずに本当のことを言わないようにしている**のだ。仮に後で、「食べてない、って言ったじゃない」と批判されても、「食べてないと言ったのは、ご飯であって、ご飯以外のものを食べていないとは言っていない」と主張することができる。

　藁人形論法は歪めた主張に対して攻撃を展開するものであるが、**ご飯論法は元の質問をはぐらかす形で展開される**。

　ご飯論法の場面で登場しやすい言葉としては「恋人」や「お酒」、「試験」などがある。これらの言葉の共通点の1つは、**一見すると了解がとれ**

ているように見えて、勝手に解釈することが可能であるということにある。

とはいえ、ご飯論法は、しょせんはその場しのぎの幼稚な屁理屈だ。もう一押し追及するだけで、ほとんどの相手は自らの浅知恵を恥じつつ、白旗を上げることだろう。

フラットな視点の獲得が重要

藁人形論法を含む論点のすり替えが行われているとき、元の論点から論点がそらされて、議論が展開していることに気がつかなければ、この論法に惑わされてしまう。

藁人形論法を用いて非難されているなと気がついたときには、今相手が非難している主張が、自分の本来の主張であるのかを見極めることが重要となってくる。

実際、よく話を聞いてみれば、相手の主張が自分の主張に対する正当な批判になっていないことはすぐにわかるだろう。

もし、相手が藁人形論法を用いた議論をしてきたら、相手に「そんなこと言ってないよ、論点がずれてるよ」と指摘して、議論を本題に戻せばいい。その指摘が遅れれば遅れるほど、議論は空回りしたまま進むことになるので注意してほしい。

参考文献

Edward Damer, Attacking Faulty Reasoning: A Practical Guide to Fallacy-Free Arguments, Cengage Learning, 2008.

Bowell Tracy and Kemp Gary, Critical Thinking: A Concise Guide, Routledge, 2015.

Eugen Zechmeister and James Johnson, Critical Thinking: A Functional Approach, A Division of International Thompson Publishing, 1992. .[E.B.ゼックミスタ／J.E.ジョンソン（宮元博章／道田泰司／谷口高士／菊池聡訳）『クリティカルシンキング　実践篇』北大路書房、1997年。]

伊勢田哲治／戸田山和久／調麻佐志／村上祐子（編）『科学技術をよく考える　クリティカルシンキング練習帳』名古屋大学出版会、2013年。

高橋昌一郎（監修）・三澤龍志「みがこう！論理的思考力」『Newton』ニュートンプレス、pp.112-115、2021年1月号。

絶望よりは希望、希望よりは証拠、証拠が
なければ熱意と責任をプラスしよう。

12

希望的観測
Wishful Thinking

| 意　味 | 好ましい結果が起こることを、好ましくない結果が起こることより、期待すること。 |

| 関　連 | 二分法の誤謬（→14ページ）　滑りやすい坂論法（→30ページ）チェリー・ピッキング（→38ページ） |

自分の都合の良いことばかり予測していないか

　あなたは、現在大学3年生で、友人数人と大学の食堂で昼食を取っている。友人たちが次のような会話をするのを聞いた。

　友人1：なんか、景気が悪いせいで、今年の企業の採用人数は、どこも大幅に減ってるらしいよ。

　友人2：そうなのよね。私なんて、CAを目指してるから、困っちゃう。今年は、どこの航空会社も採用活動に積極的じゃないのよね。

　友人1：俺も、第一希望の会社が、今年の採用活動に積極的じゃないからちょっと心配だけど、来年には、景気も回復するだろう。今年採用を控えた分、来年は例年より多く採用するんじゃないかと見込んでるし、そうなってくれたらいいなと思ってる。だか

ら、きっと、そうなるに違いない！

　友人2：そうね。来年は、きっとたくさん採用されるわよね。

　このような会話をする友人たちを尻目に、あなたは、「そんなにうまくいくかな……たとえ、景気が回復して、業績が戻っても、これまでの赤字を補塡するために、採用活動を控えると思うけど……なんか資格でも取ろうかな」と考えた。

　この友人たちのように、物事を自分にとって都合の良い方向に考えやすい傾向を希望的観測と呼ぶ。

　ここでは、自分の主張に対して何か明確な証拠が与えられたわけでもないのに、あたかも正しい推論が行えたかのように議論を進めている。希望的観測に基づく議論を行う人は、チェリー・ピッキングで見たような証拠の集め方も同時に用いることで、自分の論旨を都合よく固めようとする。

相手の熱意に負けると…

　希望的観測によって相手が説得されてしまうのは、多かれ少なかれ、説得されてしまった人が、**今その主張をしている人の熱意に負けてしまったからと考えることもできる。**

　もちろん、「ところで、証拠はあるの？」と冷水を浴びせることもできる。このように言うことが、希望的観測による論法を駆使してきた相手を退けるためには最も有効な手段である。

　しかし、相手との関係性やその場の空気によっては、上記のような指摘は容易なことではない。たとえば、目上の人の楽観的な見通しに対して、「でも、何の客観的なデータもありませんよね。結局、主観に過ぎないのではないでしょうか」などと、ストレートに反論できるだろうか。相手と対等な関係だったとしても、相手を傷つけてしまったり、恨まれたりする可能性がある。そうすると、事を荒立てたくない「いい人」は、グッと言葉を飲み込むことになるだろう。

希望的観測と熱意は使いよう

　もちろん、ビジネスやスポーツなどにおいて、「熱意」というのは評価の対象になるので否定されるべきではない。

　証拠の不足と希望的観測を自覚していたとしても、どうしても自分の主張を通したいのであれば、この熱意を相手にぶつけてみてもいいだろう。ただし、その際は、自分の言ったことの責任は、自分で取るという覚悟もセットにして示すことが必要となる。覚悟が強ければ強いほど、熱意は何倍にもなって相手に伝わるのだ。

　ちなみに、相手の感情に訴えるのは熱意だけではない。

　壺を売りつけるような霊感商法の場合は相手の不安や恐怖に訴えていた。

　何かをしないと恐ろしいことが起こるなどと言って、相手を説得しようとする論法は、**恐怖に訴える論法**と呼ばれる。相手の感情を揺さぶることで、有利な結論を引き出そうとするため、**感情に訴える論法**の1つとされている。

結果に確証が持てないことを進めるには？

希望的観測のみ

希望的観測＋熱意＋責任

大丈夫！
絶対うまく
いきますよ〜

根拠は？

ぜひ、私の
責任でやらせて
ください！

そこまで
言うなら…

希望と絶望のバランス

　希望的観測が存在することを踏まえると、絶望的観測（好ましくない結果が起きることを想像して、過度に絶望してしまうこと）も同様に存在すると考えられるだろう。

　希望的観測から物事を始められる人というのは、仮に失敗してしまっても、「また新たに挑戦しよう！」と気持ちを切り替えやすいものだ。しかし、絶望的観測の傾向が強い人は、失敗しない代わりに挑戦もしない。

　ビジネスシーンで考えた場合、どちらの傾向の人と仕事をしたいと感じるだろう。たとえ「根拠のない自信」であっても、それを持っている人と持っていない人とでは、印象はガラリと変わるはずだ。

希望的観測：高リスク

絶対に成功するはず！

成功したらいいなあ！

挑戦すると成功の可能性がある

根拠は？証拠は？
やればできるもの？
やってもできるかどうかわからないもの？

絶望的観測：低リスク

どうせうまく行かないよ！

失敗するに決まっている！

挑戦しないと成功の可能性もない

参考文献

Edward Damer, Attacking Faulty Reasoning: A Practical Guide to Fallacy-Free Arguments, Cengage Learning, 2008.

Eugen Zechmeister and James Johnson, Critical Thinking: A Functional Approach, A Division of International Thompson Publishing, 1992.［E.B.ゼックミスタ／J.E.ジョンソン（宮元博章／道田泰司／谷口高士／菊池聡訳）『クリティカルシンキング　入門篇』北大路書房、1996年。］

高橋昌一郎『自己分析論』光文社(光文社新書)、2020年。

「水戸黄門」に出てくる悪代官たち全員が
陥っている誤謬。

13

覆面男の誤謬
Masked Man Fallacy

意　味	置き換えについての知識不足によって生じてしまう誤謬。

関　連	ソリテス・パラドックス（→18ページ）　多義の誤謬（→22ページ） 四個概念の誤謬（→78ページ）

クラーク・ケント＝スーパーマン

　映画「スーパーマン」を見たことがあるだろうか？　クラーク・ケント
という男は、実は街のヒーロー・スーパーマンであるという設定だ。
　では、次のような状況を考えてみてほしい。

　ある女性は、知り合いのクラーク・ケントがスーパーマンである
と知らない。しかし、ある日彼女は知人から、「あなた、スーパーマ
ンと知り合いなの!?」と言われた。その女性は、クラーク・ケントが
スーパーマンと同一人物とは知らないので、もちろん否定した。

　しかし、彼女は「クラーク・ケント（＝スーパーマン）」と知り合いなの
だから、「知り合いではない」と否定してしまうのは間違いである。
　この女性は、覆面男の誤謬に陥っている。この誤謬は、エウブゥリデス

冴えない
男ねえ…

女性　　クラーク・ケント　＝　スーパーマン

女性はスーパーマンと知り合いなのか？

間違い　　　　　　　　　　　　　　　　正しい

知り合いなわけ
ないでしょ？

女性はスーパーマンである
クラーク・ケントと知り合いなのだから、
スーパーマンとも知り合いである。

によって論じられた（ラエルティオス, 1984）。

「知り合いではない」と否定したこの女性の何が間違っているのだろうか。実は、命題について以下のことが成り立つ。

　2つの表現（名前など）eとe'が同じ対象を表しているとする。さらに、ある命題Pがあって、そこに表現eが登場しているとする。このとき、P中のeの箇所をe'に置き換えてもPの真偽は変わらない。

　このような **置き換え可能な命題** のことを外延的な命題と呼ぶ。先の例でも「クラーク・ケントと知り合いである」を、置き換えによって「スーパーマンと知り合いである」としても、依然としてこの文は真のままで偽にはならないということである。

外延的な命題

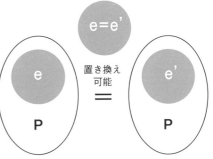

e＝e'

置き換え
可能
＝

e

P

e'

P

ただし、本人が同一人物であるということを知らなくても、この置き換えは成立してしまうのがややこしい。

置き換えができない場合がある

　一方で、**置き換えのできない特殊な命題**が存在する。そのようような命題を**内包的な命題**と呼ぶ。

　たとえば、「信じる」「愛する」「望む」「疑う」が含まれる命題だ。これらの動詞の特徴は、大まかには、行為の主体（その行為を行う人）のとらえ方や見方が文の成立に影響を与えるというところにある。

　次のような置き換えのステップを考えてみてほしい。

> **ステップ1**：ある女性は「クラーク・ケントが冴えない男だ」ということを信じている。
>
> **ステップ2**：「クラーク・ケント」を「スーパーマン」で置き換える。
>
> **ステップ3**：ある女性は「スーパーマンは冴えない男だ」ということを信じている。

　多くの人が、ステップ1が成立しているからといって、ステップ2の置き換えによって、ステップ3も成立すると考えるのは言い過ぎだ！　と感

じるのではないだろうか。

　ここで用いられている「信じる」という動詞は内包的な動詞であるため、もちろん置き換えはできない。このように、内包的な動詞が用いられているときには、最初の例で見たような置き換えは許されないのである。

▌本当はどう思ってるの?

　当たり前のように置き換えができるはずなのに、前項のように内包的な動詞が関係する場合には、思いがけない問題が生じてしまう。

　たとえば、スーパーマンの例では、「女性は、彼（クラーク・ケント＝スーパーマン）をどのように思っているのか?」に明確な答えを出せないことである（この問題に対する答えの候補は、「冴えない男である」「頼りになる男である」「そのどちらでもない」の3つ。ところが、どれを選んでも正解とはいえない）。このことからも、人の心が絡んでくると、物事がより一層複雑さを増すということがわかるだろう。

　信じていることを「それは間違いだ」と指摘されたり、信じていないことを「信じているはずだ」と不当に責められる場面は誰にでもある。こんなとき、私たちは、つい、その原因を自分や他人の至らなさに求めてしまいがちだ。しかし、覆面男の誤謬を知ることで、その原因がそれ以外のところ（置き換えの仕方、動詞の性質など）にあるのではないかと別の観点から問題を捉えることが可能となる。そうすることで、これまでとは異なった問題解決のきっかけを手にできるだろう。

参 考 文 献

Robert Audi, The Cambridge Dictionary of Philosophy, Cambridge University Press, 1999.

Diogenis Laertii, Vitae Philosophorum, 2 vols., edited by Herbert Long, Oxford University Press, 1964. ［ディオゲネス・ラエルティオス（加来彰俊訳）『ギリシア哲学者列伝・上』岩波書店、1984年。］

Bowell Tracy and Kemp Gary, Critical Thinking: A Concise Guide, Routledge, 2015.

山本光雄／戸塚七郎（訳編）『後期ギリシア哲学者資料集』岩波書店、1985年。

14

連言錯誤
Conjunction Fallacy

| 意　味 | 「AかつB」と単に「A」（あるいは「B」）の選択肢が提示されたとき、単に「A」（あるいは「B」）である確率より、「AかつB」である確率のほうが高いと判断してしまうこと。 |
| 関　連 | ギャンブラーの誤謬（→42ページ）　信念バイアス（→82ページ） |

リンダはどんな人？

まず、次の問題を考えてみてほしい。

　リンダは31歳で独身。素直な物言いをし、非常に聡明^{そうめい}な女性です。大学では哲学を専攻していました。学生時代には、差別や社会正義といった問題に深く関心を持ち、反核デモにも参加した経験があります。

　さて、現在のリンダの状況を記述したものとして、以下の2つの選択肢のうち、どちらの可能性がより当てはまりそうですか？　より可能性の高いほうを選んでください。

　①リンダは銀行の窓口係である。

　②リンダは銀行の窓口係で、フェミニスト運動に参加している。

多くの人が②の選択肢を選んだのではないだろうか。この問題はリンダ問題と呼ばれており、連言錯誤の代表的な例の1つとして知られている（Tversky and Kahneman, 1983）。「連言」とは「かつ」のことである。

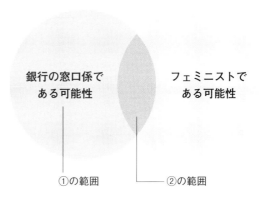

リンダ問題の概念図

銀行の窓口係である可能性　　　フェミニストである可能性

①の範囲　　　②の範囲

　実際、この実験に参加した人のうち、85%の人が②の選択肢を選んだ。

　しかし正解、つまりリンダの状況として確率が高いのは①のほうである。

代表的な性質が重要視される

　リンダ問題は代表性ヒューリスティック（Kahneman and Tversky, 1972）と関連付けて語られることが多い。

　ヒューリスティックとは、できるだけ簡単で、役に立つ方法のことを指し、アルゴリズム（正解への到達が保証されている一定の手順）と対比的に用いられる。このとき、ある対象が特定の集団をどれくらい代表しているかに基づいて、その対象がその集団に属している確率を判断するヒューリスティックがある。これを、代表性ヒューリスティックと呼ぶ。

　では、この代表性ヒューリスティックがリンダ問題を考えるときにどのように作用しているのかを見てみよう。

　①と②のうち、「銀行の窓口係である」はどちらの選択肢にも共通する性質である。本来であれば、1つの条件だけを持つ選択肢のほうが、リンダが持つ性質として成立している確率が高いと判断されるはずである。

論理的なプロセスではなく直感に従った問題解決のためのショートカット。
中でも、特に対象の代表的な性質に着目して判断することを
「代表性ヒューリスティック」と呼ぶ。

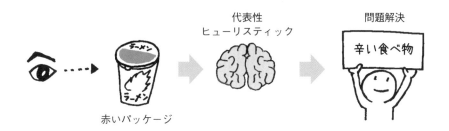

赤いパッケージ

代表性
ヒューリスティック

問題解決

辛い食べ物

　ところが、多くの人は、答えを出すために、リンダが持つ特徴的な性質に過度に着目してしまう。そのため、先に述べられたリンダの特徴が、「銀行の窓口係の典型例」より、「フェミニスト運動をしている銀行の窓口係の典型例」との類似性が高いと考え、判断を下してしまったのである。

　つまり、人々はリンダが持つ性質（差別や社会正義などの問題に関心があり、デモに参加していた）が、フェミニストが持つと考えられる代表的な性質を満たしていると感じ、フェミニストの可能性を過大評価してしまったのだ。

物や人物に対して過度な期待をしてしまう

　この錯誤に陥ってしまうと、物や人物に対して、誤った評価をしやすくなる。

　たとえば、あなたは新しいパソコンを買おうとしているとする。それは高機能で人気の商品である。この錯誤に陥っていると、この新しいパソコンにあなたは過度の期待をしてしまう。

　つまり、このパソコンが「単に高機能のパソコン」である確率と、「高機能で使いやすいパソコン」である確率のどちらが高いのかを考えたと

き、後者の成り立つ確率が高いと、**過度な期待をしたまま判断してしまう**のだ。

　ところが、実際には、「単なる高機能なパソコン」である確率のほうが高いのである。

条件が増えると当てはまる範囲が狭くなる

　では、この錯誤に陥らないようにするにはどうすれば良いのだろうか。

　ここで先ほどの「リンダ問題」に戻って考えてみよう。フェミニストの銀行の窓口係の人は、銀行の窓口係である人たちの一部である（パソコンの例で言えば、「高機能で使いやすいパソコン」は「高機能なパソコン」の一部である）。

　フェミニストであるという条件が増えた分、その性質を満たす人の数は、何の条件も課されていない銀行の窓口係の人数より少なくなるはずである。そのため、リンダが銀行の窓口係であり、フェミニスト運動に参加している確率も、単にリンダが銀行の窓口係である確率を超えることはない。

　このように「連言（かつ）」の働きに注意を払い、代表性ヒューリスティックのようなヒューリスティックに頼った形で、自分が考えていないかについてもよく見極めなければならない。

参考文献

Daniel Kahneman and Amos Tversky, "Subjective Probability: A Judgment of Representativeness," Cognitive Psychology: 3, 430-454, 1972.
Amos Tversky and Daniel Kahneman, "Extensional versus Intuitive Reasoning: The Conjunction Fallacy in Probability Judgement," Psychological Review: 90, 293-315, 1983.
御領謙／菊地正／江草浩幸／伊集院睦雄／服部雅史／井関龍太『最新　認知心理学への招待　改訂版』サイエンス社、2016年。
高橋昌一郎(監修)・三澤龍志「みがこう!論理的思考力」『Newton』ニュートンプレス、pp.112-115、2020年10月号。
服部雅史／小島治幸／北神慎司『基礎から学ぶ認知心理学:人間の認識の不思議』有斐閣(有斐閣ストゥディア)、2015年。

論理学系
バイアス

15

女子大生も採用担当者も陥りやすい誤っ
た推論。

前件否定
Denying The Antecedent

意　味	「もしAならば、Bである」→「Aではない」→「したがって、Bではない」の形をした推論に関する誤謬。
関　連	後件肯定（→74ページ）

パスタではなく、リゾットを選んだのは正解か

　あるカフェでの一幕を考えてみよう。隣のテーブルでは2人の女子大生
が楽しそうにメニューを見ている。

女子大生1：今日の気分は、パスタかな。でも、最近太ったから、
サラダだけにしようかな。
女子大生2：ねぇ、このパスタ美味しそうだよ。ケーキもつけちゃ
おうかな。
女子大生1：パスタって炭水化物だよね。太るのは確実。困ったな、
どうしよう……。
女子大生2：じゃあリゾットにすれば？
女子大生1：そうね！

コントみたいだなあ、と思うだろうが、あえてわかりやすい例を出した。具体的に彼女たちがどのような誤りに陥っているのかを見る前に、まず、用語と簡単な推論規則を見ておこう。

例文では、「AならばB」の形をした文が用いられており、条件文と呼

前件否定の構造

条件文　もしAならば、Bである

例：パスタを食べるなら、炭水化物を食べることになる。

前件を否定する　Aではない。

例：パスタを食べない。

後件の否定を結論する　したがって、Bではない。

例：したがって、炭水化物を食べない。

ばれる。このとき、条件文の前半部分（ここではA）を前件、条件文の後半の部分（ここではB）を後件と呼ぶ。

このとき、「AならばB」と、「A」から、「B」を導き出すことができる。これは、モーダス・ポネンスと呼ばれる推論規則である。

では、上記を踏まえて、カフェにいた女子大生がどのように考えたのか、その思考過程を追ってみよう。

このとき、「パスタを食べるなら、炭水化物を食べることになる」は条件文「AならばB」の形をしている。「パスタを食べる」は「A」つまり前件、「炭水化物を食べる」は「B」つまり後件にあたる。そして、前件を否定してみると「パスタを食べない」（Aではない）となる。続いて、後件の否定は「炭水化物を食べない」（Bではない）となる。

ここで彼女は、「AならばB」と「Aではない」から「Bではない」を導き出している。

このような形をした推論は前件否定と呼ばれ、誤りである。

パスタと炭水化物をめぐる十分条件と必要条件

条件文「AならばB」は、「AではないならばBではない」と推論を行

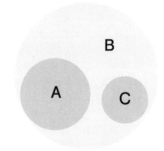

パスタ（A）、炭水化物（B）、リゾット（C）の関係

Aではなくても B の余地（緑の部分）は
あるので、「A ではないから B ではない」
とは言えない。

うように誘いかける
ということが知られ
ている。これを誘導
推論と呼ぶ（Geis and
Zwicky, 1971）。

このとき、「**Aでは
ないならばBではな
い」は「BならばA」
と等しくなる。**

では、「AならばB」
から「BならばA」が
出てくることはあるのだろうか。もちろん、そんなことは起こらない。そ
もそも、「AならばB」が表す条件文において、前件は、後件の**十分条件**
を表すだけであり、**必要条件**であることまでは、主張していない。

このことを冒頭の例を用いて見てみよう。「パスタである」ことは「炭
水化物である」ことの十分条件ではあるが、必要条件ではない。少し考え
てみればわかることであるが、炭水化物の食材を食べたからといって、そ
れがパスタとは限らないからである。

こうして彼女たちは、「パスタを食べないならば炭水化物を食べない」
を導き出し、「パスタを食べない（リゾットを食べる）」とともに、リゾッ
トも炭水化物であるのに「炭水化物を食べない」というおかしな結論を出
してしまったのだ。

日常に潜む前件否定

ここまで見てきた女子大生の事例を見て、前件否定なんてするほど自分
はバカではない、と感じた人は多いかもしれない。

しかし、前件否定の構造は、**巧妙に我々の日常やビジネスの場など、そ
こかしこに潜んでいる。**

たとえば、あなたは次の会話に違和感を覚えることはできるだろうか？

> **採用担当者1**：最終面接に残った鈴木君と山田君、どちらにしましょう？
> **採用担当者2**：ほう、鈴木君は旧帝大か。優秀だな。
> **採用担当者1**：こちらの山田君は地元の国立大学を出ていますね。
> **採用担当者2**：じゃあやっぱり、旧帝大の鈴木君を採用しよう。

　もちろん、旧帝大の鈴木君が超ハイスペックで、学部を首席で卒業するなど、目覚ましい経歴の持ち主の可能性もある。

　しかし、もしこの採用担当者たちが、大学名に重きを置いて採用を考えているとしたら、前件否定に陥っている可能性がある。彼らの会話のどこに、前件否定の構造が含まれているかを見てみよう。

「旧帝大生（A）ならば優秀（B）だ。しかし、山田君は旧帝大生ではない（Aではない）。したがって、優秀ではない（Bではない）」

　不採用の憂き目に遭おうとしている、地方国立大の学生「山田君」がこの会話を聞いたら、「旧帝大を出ていないからといって、優秀でないわけではないよ！　地方国立大だって優秀な人はたくさんいる！　採用基準が雑すぎる！」と失望するだろう。

　あなたは、ビジネスや日常で、このような雑な判断をしていないと言い切れるだろうか。

参考文献

Edward Damer, Attacking Faulty Reasoning: A Practical Guide to Fallacy-Free Arguments, Cengage Learning, 2008.

Michael Geis and Arnold Zwicky, "On Invited Inferences," Linguistic Inquiry: 2, 561-566, 1971.

Anthony Weston, A Rulebook for Arguments, Hackett Publishing Company, 2018. [アンソニー・ウェストン（古草秀子訳）『論証のルールブック』筑摩書房（ちくま学芸文庫）、2019年。]

伊勢田哲治『哲学思考トレーニング』筑摩書房（ちくま新書）、2005年。

坂原茂『日常言語の推論』東京大学出版会、1985年。

その熱はインフルエンザによるものか、あるいはただの風邪か…?

16

後件肯定

Affirming The Consequent

意 味	「もしAならば、Bである」→「Bである」→「したがって、Aである」の形をした推論に関する誤謬。

関 連	前件否定(→70ページ)

本当にインフルエンザにかかったのか?

次の事例をイメージしてみよう。

　子供が熱を出して寝込んでしまった。急に発熱してしまったため、その原因はまだわからないのだが、母親は、次のように考えた。
「インフルエンザにかかると、高熱が出るものよね。こんなに熱があるわ。きっと、インフルエンザにかかったのよ」

前節の前件否定を読んだのであれば、この母親の推論過程がおかしいことにすぐに気がつくだろう。
　以下では、この母親がどのように考えたのか、前節で解説した「前件」「後件」「条件文」といった用語に当てはめて考えてみよう。

後件肯定の構造

条件文　もしAならば、Bである

例：インフルエンザにかかったなら、熱が出る。

後件を肯定する　Bである。

例：熱が出る。

前件を結論する　したがって、Aである。

例：したがって、インフルエンザにかかっている。

条件文「AならばB」：インフルエンザにかかったなら、熱が出る。

前件「A」：インフルエンザにかかる。

後件「B」：熱が出る。

　ここで母親は、「AならばB（インフルエンザにかかったなら、熱が出る）」と「Bである（熱が出る）」から「Aである（インフルエンザにかかっている）」と導き出している。このような形の推論は後件肯定と呼ばれ、誤った推論である。

より複雑な変換

　後件肯定においても、前件否定と同様に、誘導推論（条件文「AならばB」は、「AではないならばBではない」と推論を行うように誘引する）が誤った結論を導き出していると考えられる。

　「AならばB」から「AではないならばBではない」が導き出せるのであれば、これと等しい条件文「BならばA」も導き出せることになるのであるが、「AならばB」から「BならばA」も導き出すことはできない。

　ここで母親は、「AならばB（インフルエンザにかかったなら、熱が出る）」から、「BならばA（熱が出るなら、インフルエンザにかかっている）」も成り

	条件文		肯定or否定	結論	論証の正しさ
	前件	後件			
モーダス・ポネンス	A	B	Aである	Bである	正しい
前件否定	A	B	Aではない	Bではない	間違い
後件肯定	A	B	Bである	Aである	間違い
モーダス・トレンス	A	B	Bではない	Aではない	正しい

立っていると勘違いし、今熱が出ているという状況から、「Aである（インフルエンザにかかっている）」と考えてしまったのである。

　ところが、実際には、熱が出たからといって、必ずしもインフルエンザとは限らない。単なる風邪の可能性もある。あるいは、それ以外の疾患の可能性ももちろん考えられる。

日常に潜む後件肯定

　後件肯定の推論を行わないためには、やはり、誘導推論に惑わされないようにすることが肝要である。

　この例では、わかりにくいかもしれないが、**人は推論を行う際に、自分で思っている以上に、「AならばB」が成り立つとき、同時に「BならばA」も成り立つと考えてしまう。**

　次の例も考えてみてほしい。

　　旧帝大を出ているなら優秀だ。今、面接に来た鈴木君は優秀だ。したがって、鈴木君は旧帝大を出ているに違いない。

　この主張は間違っている。もちろん旧帝大を出ている人の中にも優秀な

人はいるだろうが、たとえ、地方国立大の出身だったとしても、優秀な人は多くいる。

このように、前件否定や後件肯定のような誤った推論を無意識のうちにしてしまっている人は多いはずだ。

では、次のような条件文はどうだろう。

　　Cさんが女性であるならば、Cさんはスカートをはく。

「Cさんがスカートをはくのならば、Cさんは女性だ」も同時に成立すると考えた人も多いのではないだろうか。

女子トイレのマークや中高生などの制服など、スカートは女性を示すアイコンの1つになっているため、社会通念上、そのような思考の流れは自然といえる。

しかし、ここからさらに「女ならスカートをはくべき」「男はスカートをはくべきではない」などと、考えが発展してしまうとどうなるか。

こうした「決めつけ」は、多様な価値観を受け入れようという風潮が広がってきている現代の流れに反することになりかねない。

「条件文」を使って議論しているなと気がついたときは、発言するのをやめて、自分がこのような間違った推論を行おうとしていないかを考えてみてほしい。そうすれば、誤った判断をすることも減るだろう。

参考文献

Edward Damer, Attacking Faulty Reasoning: A Practical Guide to Fallacy-Free Arguments, Cengage Learning, 2008.
Bowell Tracy and Kemp Gary, Critical Thinking: A Concise Guide, Routledge, 2015.
Eugen Zechmeister and James Johnson, Critical Thinking: A Functional Approach, A Division of International Thompson Publishing, 1992.［E.B.ゼックミスタ／J.E.ジョンソン（宮元博章／道田泰司／谷口高士／菊池聡訳）『クリティカルシンキング　実践篇』北大路書房、1997年。］
坂原茂『日常言語の推論』東京大学出版会、1985年。
高橋昌一郎『東大生の論理』筑摩書房（ちくま新書）、2010年。

概念の数を数えることで、議論や判断の落とし穴を回避できる。

17

四個概念の誤謬
Fallacy of Four Terms

| 意　味 | 三段論法で用いられる3つの概念に4つ目を加えることで、生じてしまう誤謬。 |

| 関　連 | 多義の誤謬（→22ページ）　覆面男の誤謬（→62ページ）
信念バイアス（→82ページ） |

日常会話には三段論法がたくさん潜んでいる

私たちは普段、気がつかないうちに三段論法（異なる2つの前提となる命題から、結論となる1つの命題を導き出す）と呼ばれる論証を行っている。

父と息子の以下のやりとりを見てみよう。

　父：生き物はみんな歳をとるんだよ。
　息子：じゃあ、タマも歳をとるの？
　父：そうだよ。

こんな自然なやりとりも三段論法の形をしている。ただし、厳密にいえば、この会話から読みとれる前提は「すべての生き物は歳をとる」1つと、結論「タマは歳をとる」である。つまり、前提となる命題が1つ足りていない。ここでは、「タマは生き物である」という前提が省略されている。

このように**三段論法の2つの前提のうちの1つ（結論が省略されてもよい）が省略された論証**は、省略三段論法と呼ばれる。

もちろん、父子の間では、この前提が自明のことになっているはずなので、わざわざ明言するまでもなく会話は成立している。

しかし、こうした何気ない日常会話においても、三段論法の推論が行われているということに無意識だった人は多いのではないだろうか。

省略三段論法

前提1（大前提）：
生き物はみんな歳をとる

省略

前提2（小前提）：
タマは生き物である

結論：
タマは歳をとる

三段論法の間違った使い方

三段論法は、省略三段論法のような形で意外と身近なところに隠れているため、間違った形で用いられてしまうこともある。

三段論法を間違って用いないために、守られなければならない決まりごとが幾つかある。その中の1つが、「用いる概念は3個だけである」というものだ。先ほどの例では、「生き物」「タマ」「歳をとる」の3つの概念しか用いられていなかったので、三段論法が正しく用いられていることがわかるだろう。

では、次の例を考えてみてほしい。

　生後3カ月以内の子供がいる社員は全員、育休が取れる。子供を産んだばかりの社員は全員、生後3カ月以内の子供がいることになる。したがって、子供を産んだ社員は全員、育休が取れる。

このように記述されるとおかしいと気がつく人も多いだろうが、普段の

会話の中でこのようなやりとりをしていると、なんとなく正しいような気がしてくるという人もいるのではないだろうか。

ところが、この例は次の4つの概念が用いられているので、間違った論証である。

　　概念1：生後3カ月以内の子供がいる社員
　　概念2：育休が取れる
　　概念3：子供を産んだばかりの社員
　　概念4：子供を産んだ社員

もし余分な「子供を産んだ社員」がなければ、「子供を産んだばかりの社員は全員、育休を取れる」という結論を導き出すことが可能となる。このとき「子供を産んだ社員」は子供を産んだばかりとは限らない。たとえば、「小学5年生の子供がいる社員」も「子供を産んだ社員」である。

このように、3つしか用いることのできない概念を4つ用いてしまったために生じてしまう推論の誤りは、四個概念の誤謬と呼ばれている。

それを頭に入れたところで、次の例を考えてみてほしい。

　　2020年度の年収が300万円以下の人は、助成金をもらえる。
　　Aさんは、年収が300万円以下である。
　　したがって、Aさんは助成金をもらえる。

ここには、次の4つの概念が含まれているのだが、取り出せただろうか。

　　概念1：2020年度の年収が300万円以下の人
　　概念2：助成金をもらえる
　　概念3：Aさん
　　概念4：年収が300万円以下

Aさんは概念1（2020年度の年収が300万円以下の人）に該当していれば助成金をもらえるが、概念4（年収が300万円以下）だけでは助成金がもらえない。つまり、**余計な概念4が入ることでミスリードされる**のだ。

概念の数を数えてみよう

省略三段論法の例でも見たように、三段論法は意外と身近なところで用いられている。裏を返せば、気がつかないところで、三段論法で間違った推論をしている可能性も十分に考えられるということだ。

先の育休と助成金の2つの例は、概念が4つ用いられていることを比較的見破りやすかったかもしれない。しかし、口頭で、より巧妙な表現が用いられていたらどうだろうか。おそらく、見破るのは難しくなる。

たとえば、言葉巧みに自分が条件に当てはまっていると言われ、何かの申し込みや購入をしたとする。しかし、後から条件を満たしていなかったので「契約不履行だ」「違反したからお金は返せない」なんて言われることがあるかもしれない。

あるいは、何かの制度や助成金に申し込んだものの、実際には条件を満たしていなかったために、それまでの手続き作業が徒労に終わるなんてことも。

しかし、四個概念の誤謬を知っていれば、まずは**概念の数を数えることで、何かしら落とし穴がある可能性を疑えるようになる**。その結果、以前よりも正しい判断を導くことができるようになるだろう。

参考文献

Robert Audi, The Cambridge Dictionary of Philosophy, Cambridge University Press, 1999.
Max Black, Critical Thinking, Prentice-Hall, 1980.
Edward Damer, Attacking Faulty Reasoning: A Practical Guide to Fallacy-Free Arguments, Cengage Learning, 2008.
坂本百大／坂井秀寿『新版:現代論理学』東海大学出版会、1971年。
高橋昌一郎（監修）・三澤龍志「みがこう!論理的思考力」『Newton』ニュートンプレス、pp.112-115、2020年11月号。

論理学系
バイアス

....

18

人は妥当性よりも、信念による判断を優先
することがある。

信念バイアス

Belief Bias

意　味	結論に着目した際、その結論をもっともらしく感じるか否かが、論理的な判断をしようとする場合にも影響を与えてしまうこと。
関　連	連言錯誤（→66ページ）　四個概念の誤謬（→78ページ） 信念の保守主義（→86ページ）

ブラック企業にはびこる詭弁

以下の、典型的なブラック企業の日常の様子を見てみよう。

　Aさんは非正規社員として現在の会社に数年勤めている。この会社
では、残業が日常になっているが、それを申請しないという空気があ
る。かつて、Aさんの直属の上司は次のように言った。
「正社員は残業を申請しないし、私も残業を申請しない。だから、君
は非正規だけど残業は申請しないでね」
　このように言われたAさんは、現在は上司の言ったことに疑問を感
じることなく仕事を続けている。

　Aさんがこのまま働きつづければ、そのうち過重労働で体調を壊すこと
になるだろう。

このとき、Ａさんは上司の主張が正しい論証によって導かれているように感じたかもしれないが、客観的に見ればただの詭弁だ。会社は正社員だろうが非正規雇用の社員だろうが、雇用した労働者に対して残業代を支払わなければならない。

しかしＡさんは、ブラック企業文化に染まるにつれて、残業を申請しないことが当たり前、いや美徳にさえなっていったのかもしれない。

導き出された結論が「信じられる」内容であったとき、その結論が、たとえ妥当ではない論証によって導き出されていても、人はその結論を信じてしまうことがある（Evans et al., 1983）。このように、信念が推論に影響を与えてしまうことを信念バイアスと呼ぶ。

つまり、**信念の方が論証による結論の正しさよりも重視される**ということである。ではなぜ、このように信念が重要視されてしまうのだろうか。

論証の妥当性と信念の衝突

三段論法では、論証の正しさと命題の真偽は区別して議論しなければならない。この区別は、論証の正しさを検討するときに常に意識しておく必要がある。というのも、論証が正しいからといって、結論を必ず信用できるとは限らないからである（次ページの図1を参照）。

さて、結論が、妥当な論証によって導かれているか否かと、その結論が信念と一致するかしないかを組み合わせて選択肢を考えたとき、以下の4つがつくられる。

① 論証が妥当・信念と一致
② 論証が妥当・信念と不一致
③ 論証が妥当ではない・信念と一致
④ 論証が妥当ではない・信念と不一致

信念バイアスを考える際に、特に重要と考えられるのは③の「論証が妥

図1 「論証の妥当性」と「命題の真偽」について

論証に妥当性・非妥当性の区別があるのと同様に、命題には「真偽」
の区別もある。この「論証の妥当性」と「命題の真偽」は区別して
議論しなければならない。次の2つは妥当な論証の例である。

────── [論証1] ──────	────── [論証2] ──────
前提1：猫はみんな歳をとる	前提1：猫はみんな歳をとる
前提2：タマは猫である	前提2：ポチは猫である
結論：したがって、タマは歳をとる	結論：したがって、ポチは歳をとる

［論証1］においてタマが猫であるとき、［論証1］の前提はすべ
て真であり、結論を信用できる。
一方、［論証2］では、ポチが犬だとすると、前提の1つが偽なので、
［論証2］の結論は信用できない。
このように、結論を信用できるかできないかを考えるときには、
「妥当な論証であるか」と「前提が真であるか」ということに気を
つけなければならず、以下のような組み合わせが存在する。

①妥当で、真な命題を用いる論証
②妥当で、偽な命題を用いる論証
③妥当ではなく、真な命題を用いる論証
④妥当ではなく、偽な命題を用いる論証

推論を行っていて結論を信用できるのは①だけである。

当ではなく・結論が信念と一致する」場合である。

　多くの人にとって、論証が「妥当であるか・妥当ではないか」の判断を
するのは非常に困難だろう。一方、**結論が「信念と一致するか・しない
か」を判断するのは簡単**なはずだ。そのため、**論証の妥当性と信念がぶつ
かったとき、信念を基準として判断してしまいやすくなる**と考えられるの
である。

　これはある種のヒューリスティック「論理と信念がぶつかったときに
は、信念を優先させる」の適用の結果とも考えられる。

先の例を考えてみよう。

上司の話ももっともらしく思え、導き出された結論も信念と合致する、と考えてしまっては、Aさんは常識的には正しくない社内の、違法ともいえる慣例やローカルルールを何の疑いもなく受け入れつづけるだろう。

信念バイアスの存在を知っていれば、その結論を疑うことができるようになり、Aさんが正しいと信じているブラックな慣行から目を覚ますことが可能となるかもしれない。

信念は意外と信用できる？

しかし、あなたの抱いている信念が間違っていない限り、信念を重視して物事を判断しても、おおよそのことはうまくいくとの指摘もある（たとえば、図1の［論証2］の結論は、妥当ではない推論によって導き出されたものだが、結論それ自体は、信じても問題はなさそうである）（アンダーソン, 1982, 中島〈他〉, 1994）。

そのため、信念バイアスに陥ることに、そこまで神経質になる必要はないともいえるのだ。

自分が信念にばかり偏っているなと感じたときは、論理的に正しいのかを疑い、論理にばかり頼りすぎて、行き詰まったときには、信念を頼ってみるのも、ブレイクスルーの1つの方法になるといえるだろう。このように考えることで、よりバランスのとれた思考を得られるようになるかもしれない。

参考文献

John Anderson, Cognitive Psychology and Its Implications, W. H. Freeman and Company, 1980.［J.R.アンダーソン（富田達彦／増井透／川崎恵里子／岸学訳）『認知心理学概論』誠信書房、1982年］

Jonathan Evans, Julie Barston and Paul Pollard, "On the Conflict between Logic and Belief in Syllogistic Reasoning," Memory & Cognition: 11(3), 295-306, 1983.

市川伸一（編）『認知心理学4:思考』東京大学出版会、1996年。

戸田山和久『論理学をつくる』名古屋大学出版会、2000年。

中島秀之／高野陽太郎／伊藤正男『思考』岩波書店、1994年。

自分が一度信じたものを、なかなか手放す
ことができない理由とは？

信念の保守主義

Belief Conservatism

意　味	情報が与えられても即座に十分に信念を更新することができない。

関　連	信念バイアス（→82ページ）　常識推論（→90ページ）

一度疑い出したら、それが晴れるには時間がかかる

　あなたが大嫌いな人の顔を、無理にでも思い浮かべてほしい。いつかその人を好きになる時がくることを想像できるだろうか。ほとんどの人は否定することだろう。

　しかし次のささいなケースのように、他人へ対する評価や疑いが、いくつかの段階をへて、融解した経験を持つ人は多いはずだ。

　　後輩のAは真面目なだけで、そこまで優秀ではないと、日頃から感じていた。私の上司もその後輩のことを心配している。

　　ある日、Aは契約を取りづらいことで有名な病院に、今日も朝から出向くと言っていた。私は心の中で「今日もどうせダメなんだろうな」と考えていたが、お昼過ぎにAから連絡が来た。メールには契約が取れたと書いてある。信じられない。その後、会社に戻ったAが、

上司に嬉々として報告をしているのを見た。

　そして、上司に確認して初めて、私はAが契約を取ったことをようやく信じることができた。

　このように人間の信念の改訂が、短期的ではなく緩やかに進行することは、信念の保守主義に関連している。

袋1を選んだ確率は？

信念がいかに保守的かを示す、次のような実験がある（Edwards, 1968）。

① 赤いチップと青いチップがそれぞれ次の割合で含まれている2つの袋を用意する。

　袋1（赤いチップ700枚　青いチップ300枚）

　袋2（赤いチップ300枚　青いチップ700枚）

② この2つの袋のうち1つを選択し、そこからチップを何枚か選び出す。

③ このとき、被験者にチップを取り出すために用いた袋が、「袋1」である確率を聞くと、0.5と答える。

④ ここで、選んだチップの12枚のうち、8枚が赤で、4枚が青であったことを被験者に伝える。

⑤ 再度被験者に、「袋1」を用いた確率を尋ねる。

　このとき、多くの被験者が「袋1」を用いた確率は、0.7から0.8ではないかと答えた。しかし、ベイズの定理を用いて導き出せる、「袋1」を用いた確率は0.97である。

　つまり、12枚のチップのうち、8枚が赤のチップなので、「袋1」を用いている確率は高いはずなのであるが、多くの人が、2つある袋のうちの1つを選択する確率の0.5であるという最初の事実に引きずられて、実際の

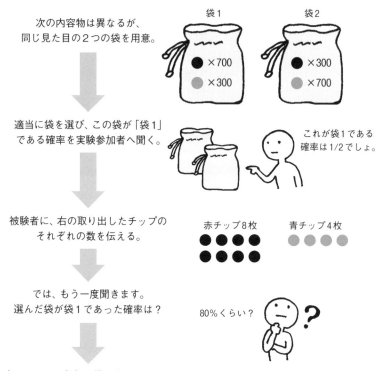

次の内容物は異なるが、
同じ見た目の2つの袋を用意。

袋1　　　袋2

●×700　●×300
●×300　●×700

適当に袋を選び、この袋が「袋1」
である確率を実験参加者へ聞く。

これが袋1である
確率は1/2でしょ。

被験者に、右の取り出したチップの
それぞれの数を伝える。

赤チップ8枚　　青チップ4枚

では、もう一度聞きます。
選んだ袋が袋1であった確率は？

80%くらい？

本当は97％の確率で袋1を選んでいる。

確率より、低い確率を答えたのである。このことから、人間の信念の改訂
は保守的であると指摘された（Edwards, 1968）。

信念の改訂は難しい

前節で信念バイアスについて解説した。たとえ間違った結論でも、自分
の信念に合えば正しいと考えてしまうほど、信念は強固ということだ。し
かし、信念バイアスに陥っていたとしても、頭を冷やして論理的に考えれ
ば、その誤解に自分で気づくことは可能だ。

一方、信念そのものを改訂するというのは、私たちが考えているほど簡

単にはできない。

これには少なくとも次の2つの理由が考えられるように思われる。

- 進化論的な理由。
- どの信念を改訂すればいいかは一般には簡単には決まらないという理由。

頑固に見える相手も、時間とともに軟化することも

最初は両親に結婚に反対されたものの、最終的に認めてもらえたというエピソードを持っている人は多いはずだ。

当該の両親は、最初は絶対に結婚を認めないと言っていた。ところが2人の真剣さに少しずつ懐柔されていき、「まあ、そこまで2人が愛し合っているなら……」と、最終的には折れてくれたわけだ。

このように、**信念の改訂は緩やかに進行するという事実を知ることは、よりよい人間関係を築く際の1つのヒントを与えてくれる。**

強固に信念を曲げない頑固な人でも、もしかしたら信念改訂のスピードが緩やかなだけで、その信念を変えていく余地はあると考えることができるのは、説得する側の徒労感を少しは慰めてくれる。

というのも、なかなか相手とわかりあえなくても、粘り強く交渉を続けることで、相手の信念を変えさせることが可能であると前向きに考えることができるのだから。

参考文献

John Anderson, Cognitive Psychology and Its Implications, W. H. Freeman and Company, 1980.［J.R.アンダーソン（富田達彦／増井透／川崎惠里子／岸学訳）『認知心理学概論』誠信書房、1982年。]

Ward Edwards, "Conservatism in Human Information Processing," in Judgment under Uncertainty: Heuristics and Biases, edited by Daniel Kahneman, Paul Slovic and Amos Tversky, Cambridge University Press, 1968.

高橋昌一郎『感性の限界』講談社（講談社現代新書）、2012年。

中島秀之／高野陽太郎／伊藤正男『思考』岩波書店、1994年。

コンピュータと違い、人間は人間なりの方
法で日々アップデートしている。

常識推論
Commonsense Reasoning

意　味	人間が日常生活の中で行っている推論。

関　連	信念の保守主義（→86ページ）

ペンギンが鳥だと知って驚いたことがあるはず

　子供のころ、ペンギンが鳥類だと知って驚いた人は多いだろう。
「いや、あれは鳥じゃないよ。だって飛ばないし、海の中で泳ぐし……」
と。そのころの私たちは、「典型的には鳥は飛ぶ」ものと考えていたので、
ペンギンが鳥であるということをなかなか認められなかったのだ。

　そもそも、人間は、何かしらの目的を持ち、それに対し、実行可能な手
段から最適なものを選択し実行している。このような特徴を持つ我々が、
**周囲や自身が置かれている状況・環境へのリアクションとして日常的に用
いる論理**のことを常識推論と呼ぶ。このとき、先ほどの、「典型的には鳥
は飛ぶ」というような、一般的な知識や、普段の暮らしの中で培った「だ
いたいいつもこう」であるという考えなども推論を行うための情報として
用いられている。

　この能力は、社会生活を送るうえで非常に重要な働きをする。日本人で

あれば「電車は並んで待つものだよね」とか「年上を敬うべきだよね」といった考察が、社会に秩序をもたらしている。

また、日常生活においても、私たちは日々常識推論を用いて、周囲との関係をうまく構築している。

たとえば、次の例を考えてみてほしい。

あなたは、休憩時間に自分の分のコーヒーを入れようと考えた。自分のデスクの隣では、先輩が朝から一生懸命、明日のプレゼンの資料をつくっている。よし、先輩にもコーヒーをいれてあげよう。先輩は、コーヒーはブラックで飲んでいることが多いから、ブラックで大丈夫だろう。このように考えて、あなたはコーヒーを持って先輩のところに持って行った……。

> **あなた**：先輩。コーヒーいれました。飲みますか？
> **先輩**：ああ、ありがとう。
> **あなた**：いつも飲んでるブラックです。
> **先輩**：ありがとう。でも今日はちょっと疲れているから、甘いほうがよかったな。でも、ありがとう。いただくよ。

良かれと思ってした行動だっただけにあなたは内心ショックを受けるだろう。

しかし、私たちが普段何気なく常識推論を行っているのだということを意識していれば、常識推論において用いることのできる情報を日々アップデートして、もっと相手の状況を思いやった、一歩進んだ気遣いができるようになるかもしれない。

▎AIにも必要な常識推論

常識推論では、モーダス・ポネンス（→71ページ）のような推論規則だけではなく、一般的な知識も推論の際に用いられている。

常識推論のような推論の形式は、人工知能（AI）の設計にも不可欠なものとなってきており、コンピュータにも私たちが普段用いているような知識を実装させることが、次第に可能となってきている。

　たとえば、冒頭のペンギンの話は分類学的な構造を用いる推論に関係する1つの例であるが、こうした分類学的な構造を用いるプログラムは、すでにコンピュータに搭載可能であることが知られている。

人間の思考の複雑さ

　現在では、コンピュータが人間に代わってさまざまな仕事をしてくれている。このことによって、人間ができることはコンピュータにすべて行わせることができる（少なくとも将来のどこかでは可能になる）と考えている人もいるかもしれないが、実はそれはそんなに簡単なことではない。

　そもそも、コンピュータのプログラムを記述するのも、ロボットの設計図をつくるのも人間である。

　常識推論の場合を考えてみても、そこに含まれる推論の中にも、どのようにしてコンピュータに行わせればいいのかが完全には明らかになっていないものもある。それだけ私たちの思考や推論の仕組みは複雑な構造をしているのである。

　だからこそ、そこに「人間らしさ」とでも呼べるようなもののヒントが隠されているかもしれない。

「人間らしさ」はAIには理解不能？

　人工知能研究の場面で生じうる問題の1つに「機械は倫理的主体になりうるか？」（たとえば、戦争で殺人マシンが用いられることになったと考える〈戦争という状況がそもそも特殊ではあるが〉。そのマシンが実際に人を殺してしまったとき、そのマシンは殺人者としてその罪を追及されるのだろうか。殺人を犯したのは、確かにマシンであるが操作していた人間がいるはずである）というものがあげられる。

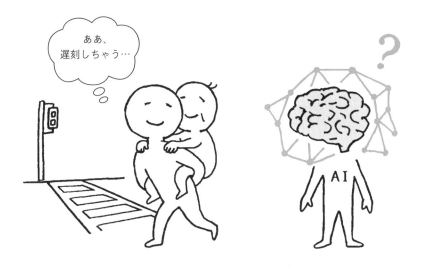

不合理的な文化や社会、行動こそ、人間らしさ？

　この問題の中にも、人間とコンピュータの違いを考察するための議論にとって重要な論点が隠されている。

　倫理的主体としてのコンピュータのあり方については、ここでは詳しく検討することはしないが、人間とコンピュータの違いとして、推論構造の違い、倫理的主体としての違い、などの他にどのような違いが考えられるだろうか。皆さんも考えてみてほしい。

参考文献

Ernest Davis and Gary Marcus, "Commonsense Reasoning and Commonsense Knowledge in Artificial Intelligence," Communications of the ACM: 9, 92–103, 2015.

Raymond Reiter, "A Logic for Default Reasoning," Artificial Intelligence: 13(1–2), 81-132, 1980.

久木田水生／神崎宣次／佐々木拓『ロボットからの倫理学入門』名古屋大学出版会、2017年。

高橋昌一郎『知性の限界』講談社（講談社現代新書）、2010年。

森悠貴『状況付けられたエージェントの推論活動―アブダクションと常識推論をめぐって―』新進研究者Research Note、第1号、2018年。

第 **II** 部

認知バイアスへの
認知科学的アプローチ

同じ長さのものが違って見えるのはなぜだろう?
あるいは、騒がしい所でも特定の音声だけを
聞き分けることができるのはなぜだろう?
脳の「バグ」のように見える現象も、
その背後のメカニズムに迫れば
多くのことがわかってくる。
第Ⅱ部では、
これらの現象から、私たちが
どのように世界を知覚しているのかをひもとき、
さらに日々をうまく乗り越えていく
コツについて解説していく。

線の長さが違って見えることが、私たちの
生活にどのように役立っているのか？

ミュラー・リヤー錯視
Müller-Lyer Illusion

| 意　味 | 同一の長さを持つ線分であっても、それぞれに向きの異なる矢羽根を付けられると、長さが異なって見える錯視図形のこと。 |

| 関　連 | ウサギとアヒル図形（→100ページ） |

錯視を研究することの意義

　我々は日常の中で、さまざまな錯覚を体験することがある。「錯視」とは、錯覚の中でも特に「見える」こと、視覚について起こるものを指す。

　錯視の研究はこれまでも多くなされてきた。それはなぜだろうか？　単純に、多くの人の心を惹きつける、という理由もあるかもしれない（錯視を利用したトリックアートなどがお好きな方もいるだろう）。しかし、もっと重要な理由がある。

　「錯視」というと、視えるものに対する錯誤、つまり間違いというイメージがある。しかしながら、**錯視をただの間違いであると考えるのではなく、なぜそのような現象が起きるのかを考えることで、人が自分の周囲の環境を把握する心の仕組みについて、考えを巡らせることができる。**

　それを体験してもらうために、まずは、一度は目にしたことがあるであろう100年以上も前に考案された有名な錯視図形について紹介したい。

どちらの線が長く見えるか

図1の錯視図形は、**同一の長さを持つ線分であっても、一方には両端に外向きの矢羽根が、他方には内向きの矢羽根がつけられると、長さが異なって見える**（Müller-Lyer, 1889）。これはミュラー・リヤー錯視図形と呼ばれる。

2本の線分が同じ長さであることを知っている状態で図1をよくご覧になっても、やはり結果は同じであろう。

図1　ミュラー・リヤー錯視図形

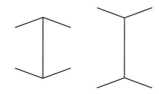

参考：Richard Gregory, "Knowledge in Perception and Illusion," Philosophical Transactions of the Royal Society of London, Series B, Biological Sciences: 352,1121-1127, 1997.

三次元世界ならではの風景の見え方

なぜ、線分に矢羽根をつけただけで、人は線分の長さを「間違って」認識するようになってしまうのか。

これには三次元の世界における物体の認識が関わっている（Gregory, 1997）。

ここでもう一度図1を、今度は三次元の風景を描いたものの一部だと思って、よくご覧いただきたい。

図1の左の図は、家の周りを囲う塀の角を、塀の外の道路側から眺めたときの様子に見える。右の図は、部屋の内側から部屋の角の壁を眺めているときの様子である。すなわち、左側は「物体の手前に出っ張った角」

図2

を、右側は「物体の奥に引っ込んだ角」を、それぞれ表しているとみなすことができる。

これらは、専門用語で遠近法的な奥行手がかりという。こちら側に迫ってくるような左側の図の線分はより近くに、奥に遠のいていくような右側の図の線分はより遠くに認識される。

このように、手前にある物体と奥にある物体の線分が「同じ長さ」であるということは、三次元上では何を意味するだろうか。

図2には、写真の中の手前の角と奥の角に、筆者が同じ長さの線分を付加している。網膜上では「同じ長さ」であっても、三次元の実生活上では「同じ長さ」を意味しないこと、より奥にある線分のほうが長いという判断が正しいことが一目瞭然であろう。

じつは私たちの生活に役立っている錯視

これらのことは、たとえ平面に描かれた簡略な図であっても、我々はそれが三次元の中に構成された物体であるかのように、奥行きと大きさを瞬時に認識しているという可能性を示している。

ミュラー・リヤー錯視図形は、日常の中にたくさん潜んでいることだろう。たとえば、ハンドボールのゴールキーパーがミュラー・リヤー錯視図形のような姿勢を取るとペナルティスローの位置が変わるという報告もある（Shim, et al., 2014）。

私たちは、いちいち今目にしているものが三次元かどうか、などと判断

しなくても、デフォルトで三次元的にとらえている可能性がある。そして私たちに備わったそのような見方は、三次元の世界に住む私たちにとって、**スムーズに行動したり危険を避けたりするのに日々大きく役立っている**だろう。

なにせ「網膜に映る物のサイズ」「物と自分との距離」などの情報からいちいち計算しなくても、直観的に物の大きさが把握できるのだから。

ミュラー・リヤー錯視図形のように
手足を広げると大きく見える？

「私たちの感覚は真実ではなく適応度をかき集める」（Hoffman, 2019）。私たちが見たり聞いたりするものは客観的な物理環境をそのまま反映しているとは限らない。しかし、そうした**一見「間違い」であるような感覚も、それが生じるメカニズムについて理解すれば、それが普段いかに効率的に自分の周囲の環境を把握するのに役立っている**かを知って驚くだろう。錯視は、そうした人の心の仕組みを映し出す鏡であるといえよう。

参考文献

Donald Hoffman, The Case Against Reality: How Evolution Hid the Truth from Our Eyes, Allen Lane, 2019.［ドナルド・Sホフマン（高橋洋訳）『世界はありのままに見ることができない —— なぜ進化は私たちを真実から遠ざけたのか』青土社、2020年］

Franz Müller-Lyer, "Optische Urteilstauschungen," Archiv fur Anatomie and Physiologie, Physiologische Abteilung: 2, 263-270, 1889.

Jaeho Shim, John van der Kamp, Brandon Rigby, Rafer Lutz, Jamie Poolton and Richard Masters, "Taking Aim at the Müller-Lyer Goalkeeper Illusion: An Illusion Bias in Action that Originates from the Target not being Optically Specified," Journal of Experimental Psychology: Human Perception and Performance: 40 (3), 1274-1281, 2014.

下條信輔『〈意識〉とは何だろうか：脳の来歴、知覚の錯誤』講談社（講談社現代新書）、1999年。

高橋昌一郎『知性の限界』講談社（講談社現代新書）、2010年。

ウサギとアヒル 図形

Rabbit-Duck Figure

ウサギに見える？　アヒルに見える？
その判断に影響を与えているものとは？

02

意　味	右向きのウサギにも，左向きのアヒルにも見える反転図形。ウサギとアヒルの両方を一度に見ることはできない。
関　連	ミュラー・リヤー錯視（→96ページ）

ウサギに見えるか、アヒルに見えるか

　まずは、図1をご覧いただきたい（Jastrow, 1900）。これが何に見えただろうか？

　右向きのウサギにも見えるし、左に向かってくちばしを突き出したアヒルにも見える。これはウサギとアヒル図形と呼ばれるもので、このように2つの見方が可能な図形を反転図形という。

　人は、このウサギとアヒルを同時に見ることはできない。

　図1の左側の部分を「長い耳」として見るならば、「くちばし」としての見え方は一時的になりを潜める。

　ぜひ図を見ながら、ウサギ、アヒル、ウサギ、と見え方を交互に反転させることを試してみてほしい。**我々にとって「見えている」ものとは、目に映る形そのままというよりは、「自分の心が解釈した結果」であること**を体験していただけるだろう。

図1　ウサギとアヒル図形

Joseph Jastrow, "Fact and Fable in Psychology," Houghton Mifflin and Company, Boston and New York, 1900.

Bに見えるか、13に見えるか

ものの見え方は、人の経験や周囲の状況によって左右される。

　ある実験によれば、ウサギとアヒル図形を10月に見せられた子供の大多数が図をアヒルや鳥として認識するのに対し、イースターに見せられた子供の大多数は図をウサギとして認識しており、統計的にも明確な差が示された（Brugger and Brugger, 1993）。こうした反応の違いは、より年齢が上の対象者（11～93歳）においても同様に見られた。

　このような現象は、文脈効果としてこれまでにさまざまな研究が行われてきた。

　その先駆けとなった実験では、少し乱雑に書かれたようなアルファベットのBが用いられた(Bruner and Minturn, 1955)。そして、その「B」がいくつかのアルファベットの後に提示される条件では、実験参加者はそれをBだと認識するが、いくつかの数字の後に提示される条

以下の論文を基に作成された有名な図：Jerome Bruner and Leigh Minturn, "Perceptual Identification and Perceptual Organization," The Journal of General Psychology: 53(1), 21-28, 1955.

件では、13だと認識するということを示して見せた。

反転を生み出すトップダウン処理とボトムアップ処理

　上記の実験の、イースターに図を見せられる条件においては、対象者たちが「今はイースターである」という知識、イースターにはウサギがつきものであるというこれまでの経験などを働かせた結果、3月にはこの反転図形がウサギとしてより認識されるようになったと考えられる。

　このような、状況や知識、経験などを駆使して対象が何であるかを把握しようとする心の動きは、トップダウン処理（あるいは概念駆動型処理）と呼ばれる。

　これは日常的に行われているが、誤りを引き起こすこともある。

　たとえば、「あそこの柳の木の下は、夜になると幽霊が出るらしい」という噂を聞いたとする。そうすると、夜にその近くを通らなければならないとき、つい幽霊が出るのではないかと考え、それで頭がいっぱいになる。そのような状態で風の音を聞いただけでもすくみあがり、揺れた柳を誤って幽霊と知覚してしまう場合もあるかもしれない。

　一方で、知識に依存せずに対象の把握が行われる心の動きは、ボトムアップ処理（あるいはデータ駆動型処理）と呼ばれる。

　ウサギとアヒルという2つの見方を切り替える反転は、上記の2つの処理の相互作用の結果生じると言われており、幼児はこうした図形の反転が困難であることが知られている。

見えないものを見るために見方を反転させる

　1つの図の中でウサギとアヒルを同時に見ることはできないが、では、同一の図を2つ並べて見せたらどうだろうか（図2）。

　ある実験では、ウサギとアヒル図形を2つ並べて実験参加者に提示した際、自発的に「どちらか一方をウサギ、他方をアヒル」として見た参加者は全体の2.3%しかいなかったと報告している。しかし意識的にそのよ

図2　2つ並べたウサギとアヒル図形

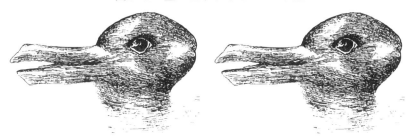

うに見るよう参加者に頼むと、その割合は61.9%まで上がった。さらに、「ウサギを食べようとしているアヒル」という語を提示すると、多くの参加者（86.6%）がウサギとアヒルを見ることができるようになった。

　この実験の例のように、**声掛け1つでものの見え方が変わる**ことがある。情報化社会と呼ばれる現代、我々の身の回りにはどのようにでも解釈できるような情報があふれている。とりわけ、人には「自分の見たいものだけを見ようとする」傾向もあるし、信用に値しないような情報源がいかにも信用できそうな顔をしていることもあるだろう。

　たとえばSNSでデマが一気に拡散してしまったり、有名人の「アンチ」がヒートアップしてしまったりするのも、1つの見方に固執してしまった結果かもしれない。

　情報化社会の中で生き延びるには、**自分が特定のものの見方に捕らわれていないか注意を払い、場合によっては見方を「反転」させることが重要**であろう。

参 考 文 献

Kyle Mathewson, "Duck Eats Rabbit: Exactly Which Type of Relational Phrase can Disambiguate the Perception of Identical Side by Side Ambiguous Figures?" Perception: 47(4), 466-469, 2018.

Peter Brugger and Susanne Brugger, "The Easter Bunny in October: Is It Disguised as a Duck?" Perceptual and Motor Skills: 76(2), 577-578, 1993.

道又爾／北崎充晃／人久保街亜／今井久登／山川恵子／黒沢学『認知心理学：知のアーキテクチャを探る[新版]』有斐閣（有斐閣アルマ）、2011年。

高橋昌一郎『知性の限界』講談社（現代新書）、2010年。

| 認知科学系
バイアス
─────
03 | 自分の身体ではない人工物を、自分の身体の一部として認識する謎現象。 |

ゴムの手錯覚
Rubber Hand Illusion

意 味	視野から自分の手を隠し、目の前の自分の手とそっくりなゴム製の手を撫でられると、それがまるで自分の手のように感じられる。
関 連	マガーク効果（→108ページ）

なぜ、ゴムの手を自分の手に感じてしまうのか

　1998年に報告された奇妙な現象を紹介しよう。

　実験において、参加者は左腕をテーブルに置いた状態で席に着く（Botvinick and Cohen, 1998）。実験者はその左腕のそばについたてを置くことで、参加者の視界から腕を隠す。さらに、ゴム製の「左腕」を、参加者からよく見える目の前のテーブル上に配置する（図1）。参加者がそのゴム製の手を見つめている間、実験者は2本の絵筆を使用してゴム製の手と参加者の本物の手を同時に撫でることを10分間繰り返す。

　すると、参加者には次第にゴム製の手が自分の手のように感じられ、目の前の絵筆がゴム製の手を撫でると、（実際にはついたてに隠された絵筆が本物の自分の手を撫でていることを理解していても）**ゴム製の手そのものが触覚を得たかのような錯覚が生じた**のである。

　また、絵筆で2つの手を撫でる際、まったく同時に撫でるのではなく少

図1　ゴムの手錯覚の実験の様子

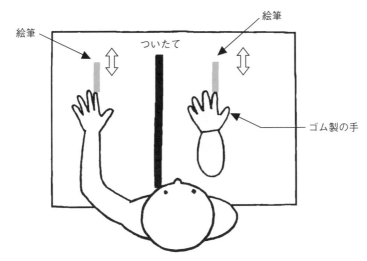

絵筆

絵筆

ついたて

ゴム製の手

左手とゴム製の手を同時に絵筆で撫で続けると、
ゴム製の手が自分の手のように感じられた。

しのズレを導入すると、錯覚が生じる割合が42%から7%まで下落することも併せて示された。この現象をゴムの手錯覚と呼ぶ。

　この実験では、参加した人の全員が、ゴム製の手が絵筆で撫でられているのを見たとき、自分の手が撫でられているように感じていた。

　しかし、これだけでは、参加者が本当にゴム製の腕を「自分の手」だと感じていたことの証拠にはならない。実験の目的を察した参加者が、実験者が望んでいるであろう回答をしてしまう場合もあるからだ。

　そこで実験者らは、目を閉じた参加者に、実験で使っていない右手をテーブルの下で動かしてテーブルの上にある本物の左手の位置を指し示すよう頼んだ。すると、**錯覚を経験した後の参加者の右手の位置は、よりゴム製の手の方向へとずれること、およびこのズレの大きさは参加者が体験した錯覚の持続時間に比例して大幅に変化する**ことがわかった。

fMRI（機能的磁気共鳴画像法）を用いた別の研究からは、参加者にゴムの手錯覚が生じた状態で実験者がゴム製の手に針を突き刺すような動作を見せると、自分の本物の手が同様の脅威にさらされているときのように、不安に関連する脳領域での活動が計測されることが示された（Ehrsson, et al., 2007）。同様のことを錯覚が生じていない状態で行うと、不安に関連した脳活動はほとんど観察されなかった。

錯覚を生み出している多感覚統合

　人工物が自分の身体のように感じられるなんて、まるでSF映画「アバター」のような話だ。しかしこれには私たちが日常的に体験している現象、多感覚統合が関わっている。

　私たちの感覚には、おなじみの視覚、聴覚、嗅覚、味覚、触覚（より広くは皮膚感覚と呼ぶ）、そして運動感覚などを含む自己受容感覚というものがある。私たちは**これら複数の感覚からの情報を組み合わせることで、素早く正確に身の回りの物事をとらえている。**

　身近な例として、ものを食べる際に感じられる「味」が挙げられよう。「味」の経験には味覚だけではなく、におい（嗅覚）、見た目（視覚）、食感や温度（皮膚感覚）、咀嚼した際の音（聴覚）などを統合して生じる。

　ゴムの手錯覚においても、「自分の左腕にそっくりなゴム製の腕が絵筆で撫でられているのを見る」（視覚）、および「自分の本物の左腕が絵筆で

多感覚統合の概念図

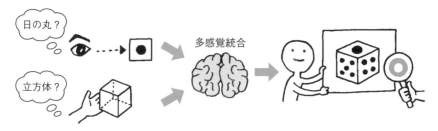

撫でられるのを感じる」（触覚）という2つの出来事が同時に起きたために**視覚と触覚の統合が起こりやすくなり、その結果として「ゴム製の腕を自分の腕のように感じる」という錯覚が生じた**と考えられる。

拡張する自己

ゴムの手錯覚という現象からわかるもう1つの重要なことは、**自分にとって「自分の身体」として感じられる対象は、視覚や触覚などの複数の感覚から得られる情報を統合して間断なくつくり直されていて、私たちが普段考えているよりもはるかに流動的なものである**、ということだ。

言い換えれば、自分の身体感覚は自由に拡張可能であると考えられる。

こうした身体知覚や運動主体感の問題は、幻肢（事故や病気で失った手足が、まだそこにあるように感じること）や体外離脱体験などの従来から知られてきた現象や、バーチャル・リアリティ（VR）技術など新しい話題と関連づけられ、現在もなお研究が進められている。

最近では、VRを利用して自然災害を体験することで防災意識を高めようとする試みも行われている。

人にとって、現在の自分とは異なる状況や立場からものごとを考えるのは難しいが、**こうした新たな技術を教育に応用することにより、人はさまざまな問題を「自分のこと」として感じ、対処することができるようになる**かもしれない。

参考文献

Matthew Botvinick and Jonathan Cohen, "Rubber Hands "Feel" Touch That Eyes See," Nature: 391(6669), 756, 1998.

Henrik Ehrsson, Katja Wiech, Nikolaus Weiskopf, Raymond Dolan and Richard Passingham, "Threatening a Rubber Hand That You Feel is Yours Elicits a Cortical Anxiety Response," Proceedings of the National Academy of Sciences of the United States of America: 104(23), 9828-9833, 2007.

高橋昌一郎『自己分析論』光文社（光文社新書）、2020年。

服部雅史／小島治幸／北神慎司『基礎から学ぶ認知心理学：人間の認識の不思議』有斐閣（有斐閣ストゥディア）、2015年。

マスクをしながらの会話やリモート会議に
は、思いがけないリスクが……。

マガーク効果

McGurk Effect

| 意　味 | 声と一緒に、その音声とは一致しないような話者の口の動きの映像を見せると、提示された音声とは別の音に聞こえる錯聴のこと。 |

| 関　連 | ゴムの手錯覚（→104ページ） |

音声の情報処理は聴覚のみにあらず

　新型コロナウイルスの世界的流行以降、街で行き交う人は皆一様にマスクを着けている。最近では、口元に笑顔をプリントしたマスクや口元が透明な素材でつくられたマスクなど、そのバリエーションも豊かだ。

　お互いの口元がお互いに見えないことは、私たちにどのような影響を及ぼすのだろうか？

　"Healing lips and seeing voices" とは、1976年に発表された論文のタイトルである（McGurk and MacDonald, 1976）。

　人と顔と顔を合わせて会話する場合、当然聞き手が話者の姿を「見る」ことができる。それにもかかわらず、音声知覚は聴覚的な情報処理過程のみに依存していると当時考えられていた。論文の著者らはその点に疑問を持ち、幼児、児童、成人を対象とした以下の実験を行った。

　実験に使われたのは、ある音節（例：ガ、ガ……）を繰り返し発話して

いる女性を録画した動画であり、後から音声だけ別のもの（例：バ、バ……）に吹き替えられていた。

そして各参加者に、上記の「音声のみ」を聞かせた場合と、音声を映像つきで視聴させた場合とで、聞こえ方が変わるかどうかを調べた。

その結果、まずは「音声のみ」を聞かせるとどの年齢群の参加者でもほとんどが正しく音声を聞き取れることが示された一方、音声とは口の動きが一致しない映像が付いた状態だと誤答率が高くなる（幼児59%、児童52%、成人92%）ことが示された。

その際に多くの参加者が「実際に流された音声」とは異なる音声が聞こえたことを報告した。とりわけ、「ガ、ガ……」という口の動きをしている人の映像が「バ、バ……」という音声で吹き替えられた際、多くの参加者（幼児81%、児童64%、成人98%）が、「バ」とも「ガ」とも異なる第3の

実験の概要とマガーク効果のメカニズム

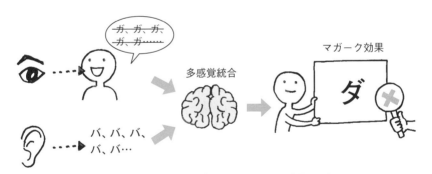

同時に、
視覚：「ガ」と発音している女性の口の動きを見る。
聴覚：「バ」という音声を聞く。

すると…
多くの人が第3の音韻「ダ」に聞こえたという。
こうした現象をマガーク効果と呼ぶ。

音韻「ダ」が聞こえたと報告している。

マガーク効果を生み出す多感覚統合

　上記の結果から、人は音声を聞く際、**話者の口の動きなどの聴覚以外の情報も手掛かりとして無意識的に利用しており、それらのさまざまな情報を統合した結果が「聞こえてきた音声」として体験される**ことがわかる。

　この マガーク効果 と呼ばれる現象は、視覚からの情報が音声知覚へ影響を与えている 多感覚統合 の例ではあるが、常に視覚情報が聴覚情報よりも優位性を持つわけではない。

　文化や習慣による違いに焦点を当てた研究もあり、**日本語母語者において生じるマガーク効果は諸外国と比較すると小さい**という指摘もある。

　近年の報告によると、英語母語者が発話者の口の動きを注視して次に発話される音の予測に利用しているのに対し、日本語母語者はより聴覚情報に頼った音声知覚をしていることが示された（Hisanaga, et al., 2016）。

日常におけるマガーク効果

　従来、マガーク効果の実験に使われるような話者の口の動きと音声とが一致しないというのは日常では起こり得ない事態であり、音と動きのズレは「人工的に」わざわざつくられるものであった。

　現代は当時の状況とは大きく異なっており、このような状況は日常的ともいえる。webカメラの映像遅延による音声とのズレ、海外の映画やアニメ作品の吹き替え、録画した動画を編集する際に発生する音ズレ、あるいはアイドルによる歌唱時の「口パク」などが挙げられるだろう。

　こうした状況でも多くの場合に違和感が生じないのは、腹話術効果 が生じているためであると考えられる。腹話術効果とは、**人形の口の動きに合わせて音声を提示すると、その音声の出所が人形の口であるかのように感じられる現象**である。

　この現象には視覚情報と聴覚情報の同期（ずれていないこと）が関わって

いるとされているが、時間的に同期していても口の形が音声と異なっていれば、マガーク効果が起きて、視聴者に違和感が生じてしまう可能性がある。

　また、日本語話者が比較的「口の動き」に頼らずに相手の話を聞き取っているとしても、**マスクを着けた状態での会話などは、こちらが思っている以上に相手にとって「聞こえにくい」と感じさせてしまう**可能性がある。なぜならば、口の動きについての視覚的な情報が一切ないことに加え、発音の明瞭性や音量も落ちてしまうからである。マスクを着けているときには、普段以上にはっきりと話すなどの工夫が必要であろう。

　また、こうした研究からわかることはもう1つある。我々は普段、ものを「見て」「聞いて」「触って」……と独立した五感を通して周りの環境を正確に把握していると思いがちである。

　しかし、我々が体験していることは、実はすべての感覚を駆使して入手した情報を「解釈」した結果にすぎない。

オンライン×マスクの会議にはご用心

参 考 文 献

Satoko Hisanaga, Kaoru Sekiyama, Tomoko Igasaki and Nobuki Murayama, "Language/Culture Modulates Brain and Gaze Processes in Audiovisual Speech Perception," Scientific Reports: 6, 35265, 2016.

Harry McGurk and John MacDonald, "Hearing Lips and Seeing Voices," Nature: 264 (5588), 746-748, 1976.

Tom Stafford and Matt Webb, Mind Hacks: Tips & Tricks for Using Your Brain, O'Reilly Media, 2004.［Tom Stafford, Matt Webb（夏目大訳）『Mind Hacks：実験で知る脳と心のシステム』、オライリージャパン、2005年。］

道又爾／北崎充晃／大久保街亜／今井久登／山川恵子／黒沢学『認知心理学：知のアーキテクチャを探る』有斐閣（有斐閣アルマ）、2011年。

高橋昌一郎『感性の限界』講談社（講談社現代新書）、2012年。

認知科学系
バイアス

05

なぜ、サブリミナル的な表現は規制されているのか？

サブリミナル効果

Subliminal Effect

意 味	意識できないほど短い映像や、ごく小さい音量の音声などであっても、それを見聞きした人に知らず知らずのうちに影響が出る現象。
関 連	吊り橋効果（→116ページ） 単純接触効果（→178ページ）

意思決定に影響!? サブリミナルな知覚

私たちは日々さまざまな意思決定をしている。

たとえば、店で同じような商品が並んでいるうち、ある商品1つを選んで購入する。選んだ理由については「なんとなく」としか言いようがないが、強いて挙げれば「パッケージが気に入ったから」や「品質が高そうに感じた」といったところだろうか。

しかし、これは本当の理由だろうか？　知らず知らずのうちに、自分の行動の理由にもっともらしい理由づけをしてしまっている可能性はないだろうか。

こんな実験がある。実験参加者に多角形を2つペアで提示し、「どちらの多角形のほうがより好ましいか」と聞く。奇妙な質問に思われるかもしれないが、その質問に対し、参加者たちはある法則にしたがって回答をしているようであった。

実は参加者たちは事前に1/1000秒の間、ある多角形を見せられていた。提示が短すぎて「見た」ことを意識することもできず、事前に見せられていたことを思い出すこともできなかったが、それでも参加者たちは上記の質問セッションにおいて、事前に提示されていたほうの多角形を選んでいたのである。

この結果は、人のサブリミナルな知覚が関わっている。

サブリミナルな知覚が影響力を持つ条件とは

上記は閾下単純接触効果に関する実験である（Kunst-Wilson and Zajonc, 1980）。「閾下（subliminal）」とは、音、光や映像、味、触れた感じ、におい等の強さが小さすぎて、人の意識にはのぼらない状態を指す。

具体的にいえば、**もしもある人にとって0.05秒程度の映像がぎりぎり「何か一瞬見えた」と感じられる長さであるとすれば、それよりも短い映像はその人にとってサブリミナルな映像となり、「見えた」という感覚は生じない。**

この現象が生じる条件についてまとめた報告によると、実験で提示するものは1秒よりも短く、何度も同じものを見せないほうが、より強い効果が得られる（Bornstein, 1989）。

逆に言えば、実験参加者が提示に「気づいている」状態ではサブリミナルの効果は生じにくくなるといえそうだ。

有名な"実験"とその影響

サブリミナル効果という語は、一般的には「知覚できないほどの短さや音量で映像や音を提示すると、提示された内容に関連する商品の購買意欲が上がる」といった現象として広まってしまっている。

しかし、実際はそうではない。以下、この誤解の由来となった有名な実験について紹介しよう。

これはある広告業者が発表したもので、映画の上映時、映画フィルムに

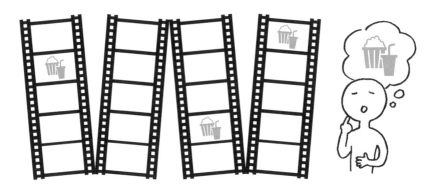

コーラとポップコーンの売上は本当に上がったのか？

「コカ・コーラを飲め」「ポップコーンを食べろ」というメッセージをほんの一瞬（1/3000秒）、繰り返ししのばせることで、それらの売上が上がったとするものである。

　実際には、この「実験」にはサブリミナルメッセージがない条件とある条件とでの比較すらされていなかった。また、実験の詳細についての記録も残っておらず、そもそも当時、1/3000秒だけ映像を投射するという繊細な技術は開発されていなかったことから、**実験を行ったという主張自体が虚偽のものであった**とする向きもある（鈴木、2008）。

　しかし、その影響は瞬く間に世界に広まり、現在は日本でもテレビ番組におけるサブリミナル的表現は禁止されている。

好き嫌いに影響を与える思いがけない要因

　このお粗末な顛末からもわかるように、サブリミナルな刺激は人にただちに何かを買いに行かせるような効果を持たない。

　一方で、冒頭の実験からもわかるとおり、閾下の刺激がもたらす無意識的な影響については現在でもよく研究がなされている。

　たとえば、サブリミナルに提示された対象を「好ましい」と感じるだけではなく、メロディはより「まとまりがよい」、色は「より明るい」など

知覚的流暢性誤帰属説の感情の流れ

と感じられることが示されている。

　そうした現象の説明の1つとして知覚的流暢性誤帰属説というものが知られている。知覚的流暢性とは、たとえば**以前見たことがある対象に再び接する際は、（たとえそのことを忘れていたとしても）比較的スムーズに知覚されること**を指す。その「対象を目にした際のスムーズな感じ」を、人が「私がこれを好きだから」や「明るいから」というように誤って解釈するのだ、という説明である。

　以上のように、無自覚に取り込んだ情報が、私たちの嗜好や意思決定に思いもよらない影響を与える場合があることを、その危険性も含めて自覚しておきたい。

参考文献

Robert Bornstein, "Exposure and Affect: Overview and Meta-Analysis of Research, 1968-1987," Psychological Bulletin: 106, 265-289, 1989.

William Kunst-Wilson and Robert Zajonc, "Affective Discrimination of Stimuli that cannot be Recognized," Science: 207, 557-558, 1980.

鈴木光太郎『オオカミ少女はいなかった：心理学の神話をめぐる冒険』新曜社、2008年。

山田歩、日本認知科学会(監修)『選択と誘導の認知科学』新曜社、2019年。

06

その感情は、恐怖？　怒り？　恋愛感情？
人は自分の感情でさえ誤解する。

吊り橋効果

Suspension Bridge Effect

意　味	吊り橋の上など、心拍数の上昇が起きやすい状況で異性がそばに いると、そのドキドキを恋愛感情であると勘違いしてしまう効果。
関　連	サブリミナル効果（→112ページ）　単純接触効果（→178ページ）

吊り橋を用いた実験

　まずは、吊り橋効果の名称のもととなった研究について紹介する（Dutton and Aron, 1974）。この実験は、カナダにある2つの橋（吊り橋と固定された橋）が舞台となった。

　実験は、18歳から35歳の通りすがりの男性をターゲットとした。男性がいずれかの橋を渡り始めると、インタビュアー（男性または女性）から声をかけられる。このインタビュアーはサクラだが、実験の本当の目的は知らされていない。質問への回答に協力してもらった後、インタビュアーは名前と電話番号を書いたメモを男性へ渡し、後でもっと詳しい研究の説明をしたいので電話をくださいと伝える。

　そして、後で男性から電話がかかってくる割合を2つの橋の間で比較することで、「男性がインタビュアーに感じた魅力度」の差について検討することができるだろう、というのがこの研究を行った心理学者の考えだっ

恐怖からくるドキドキを
恋愛感情のドキドキに勘違いしてしまう。

た。

　その結果、男性が女性のインタビュアーへ実験後に電話をかけてきた人数は、吊り橋条件のほうが固定の橋条件よりも統計的に多かった。一方で、男性が男性のインタビュアーへ実験後に電話をかけてきた人数については、上記のような差は見られなかった。

　つまり、**吊り橋の上といった恐怖からくるドキドキ感を、異性に対する恋愛感情であると勘違いした**と考えられた。

　しかし、この実験にはいくつか問題点が指摘されている。

　たとえば、インタビュアーの魅力度をはかるために「電話をかけてきた人数をカウントする」という手法は適切だったのか、吊り橋の揺れによって恐れが引き起こされた保証はどこにあるのか、などが挙げられる。

　ただし同じ研究者らによって行われた実験室実験において、異性の魅力や不安をアンケート方式でも測定しており、吊り橋実験における主張を裏づけるような結果が得られている。

日常で起きる類似の現象

　この吊り橋効果は恋愛場面を題材に語られることが多いが、似たような「勘違い」の現象は日常のさまざまな場面でよく起きている。

　たとえば、朝、学校に行く前に親とちょっとした口論になったとする。しかし、朝の口論のことは忘れた休み時間に、友人がいたずらを仕掛けてくる。いつもの自分ならば一緒になって笑えるが、その日はそんな気持ちになれず、友人に対する怒りを感じる。

　さて、この「怒り」は、本当に友人のいたずらによって喚起されたものだろうか？　実際は、**朝の親との口論によって引き起こされていた感情を、友人のいたずらのせいだと勘違いしているのかもしれない。**

　また、明日は朝から大事な試験があるのに、目が冴えてしまって眠れないということもあるだろう。

　そんなとき、「リラックスできる薬」だという説明を受けて渡された偽薬（すなわち、実際には薬としての成分を含まないもの）を服用する場合と、「目が冴える薬」だという説明を受けて渡された偽薬を服用する場合では、その後の寝つきが良くなるのはどちらだろうか。

　実際に不眠の患者を対象とした研究からは、**目が冴える薬条件の患者は、偽薬を飲まない普段と比べてより早く入眠することができた**（Storms and Nisbett, 1970）。また、リラックスできる薬条件の患者は、偽薬を飲まない普段と比べて、入眠までにさらに時間がかかってしまった。

　プラシーボ効果（服用したものが偽薬であっても、症状が良くなったと実感すること）を知っている人からすると、意外な結果に思われるかもしれない。

　しかしこの結果は、吊り橋効果のような「勘違い」が起きていると考えれば、うまく説明がつく。

　つまり、**目が冴える薬（実際には偽薬）を服用した不眠症患者は、自分の症状を「目が冴える薬を飲んだからだ」と考え、眠れない自分を責めたり感情的になったりということが減り、むしろリラックスできたのだと解**

釈できる。

偽薬に対する説明とは逆の効果が生じているので、この現象を逆プラシーボ効果と呼ぶ。

「自分の感情」を勘違いする

吊り橋効果や上記の日常での例など、自分で自分の状態を勘違いするという現象に対しては、のちに誤帰属という用語が使われるようになった。

誤帰属に関する研究の先駆けとなったのは、エピネフリンという生理的な興奮作用のある薬を使った実験である（Schachter and Singer, 1962）。

この実験における主要な目的は、事前にその興奮作用のことを伝えられていた参加者と、伝えられていなかった参加者を比較することであった。その結果、薬の作用について事前に説明がなかったグループにおいては（自分が興奮しているのは「薬のせいである」と正しく認識できなかった結果）、自分の「感情によるものである」と誤って認識し、気分の高揚や怒りを強く感じたと報告していた。

こうした誤帰属は、逆プラシーボ効果の例を見てもわかるとおり、一概に悪いものとは言い切れない。

ただし、自分自身の感情を勘違いしてしまうことによって、知らず知らずそれらに振り回されてしまう可能性もあるだろう。自分自身でさえ自分の感情を見誤ることがあるのだ。

参考文献

Donald Dutton and Arthur Aron, "Some Evidence for Heightened Sexual Attraction under Conditions of High Anxiety," Journal of Personality and Social Psychology: 30(4), 510-517, 1974.

Stanley Schachter and Jerome Singer, "Cognitive, Social, and Physiological Determinants of Emotional State," Psychological Review: 69, 379-399, 1962.

Michael Storms and Richard Nisbett, "Insomnia and the Attribution Process," Journal of Personality and Social Psychology: 16(2), 319-328, 1970.

下條信輔『サブリミナル・マインド：潜在的人間観のゆくえ』中央公論社（中公新書）、1996年。

下條信輔『サブリミナル・インパクト：情動と潜在認知の現在』筑摩書房（ちくま新書）、2008年。

高橋昌一郎『愛の論理学』KADOKAWA（角川新書）、2018年。

なぜ過酷な状況下にあっても、ブラック企業を辞めない人たちがいるのか?

07

認 知 的 不 協 和
Cognitive Dissonance

| 意　味 | 自分の本音と実際の行動が矛盾しているなど、自分の中で一致しない複数の意見を同時に抱えている状態。 |

| 関　連 | 気分一致効果(→124ページ) |

限界まで働き続けてしまう人々

　近年、「ブラック企業」や過労死などが社会問題とされている。

　なぜ人は、そんな状態にまで追い込まれても「辞める」という判断ができないのだろうか。認知的不協和という理論を理解すると、自分がそうした状態に陥らないよう、予防できるかもしれない。

　まずは、ある有名な実験を紹介する (Festinger and Carlsmith, 1959)。

　この実験に参加した男子大学生は、単調で退屈な作業を1人で1時間繰り返すことを要求された。さらに、次の実験に参加するために別室に待機している学生に対して「実験は大変おもしろかった」と話すよう実験者から依頼された。そのアルバイト代として提示された額は、「1ドル」もしくは「20ドル」と、学生によって異なっていた。

　次の参加者として待機していた女子学生 (実はサクラ) へ作業がおもしろかった旨を伝えた男子学生は、その後別室のインタビュアーの所へ連れ

ていかれ、「実験の今後の改善のため」として作業に関するおもしろさ等についての率直な回答を求められた。

実は実験者が一番注目していたデータは、最後に回答してもらった「実験のおもしろさの度合い」であった。参加した学生が-5（非常に退屈だった）から+5（非常におもしろかった）の11段階で回答した結果が右図だ。

事前にアルバイトを頼ま

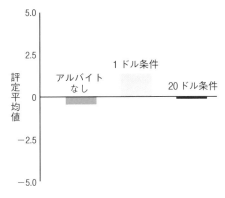

「課題のおもしろさ」についての評定平均値のグラフ

参考：Leon Festinger and James Carlsmith, "Cognitive Consequences of Forced Compliance," Journal of Abnormal and Social Psychology: 58, 203-210, 1959.

れ、その報酬として20ドルを提示された条件では、アルバイトを実施しなかった比較のための条件との差が見られなかった。一方で**アルバイト代として1ドルを提示された条件では、「アルバイトなし条件」および「20ドル条件」よりもおもしろさの評定値が統計的に高かった。**

認知的不協和が生じるメカニズム

上記の結果は、多くの読者にとって意外なものだったかもしれない。

たくさんのお金をもらったほうが、その実験に対してより好意的になりそうにも思えるが、実際にはたった1ドルを得た学生のほうが、より作業をおもしろく感じたと報告しているのだ。

実はこの結果は認知的不協和理論からは予測されていた。男子学生は、**〈作業に対して「つまらない」というもともとの自分の意見〉**と、**〈女子学生へ向けて言わされた「おもしろかった」という感想〉**との2つを抱えることになる。このように**矛盾する意見を同時に持つという奇妙さは、なんとなく居心地の悪い状態を引き起こす**（この状態を不協和と呼ぶ）。

しかし、他者に「おもしろかった」と伝える役に対して20ドルの報酬を提示された場合は、不協和は低減される。なぜなら、**20ドルものお金は、上記の奇妙な状態にたちまち「納得のいく理由づけ」を与えてくれるから**だ。「自分は、本当はつまらないと思うのだけれど、大金を貰ったから、その対価として"おもしろかった"と伝えるのだ」というように。

　一方、たった1ドルの報酬は「作業はおもしろかった」と他者に伝えた自分の行動の説明にはなり得ず、不協和状態は解消されない。その結果、その**不協和状態を低減するために、作業に対するもともとの自分の意見が「おもしろかった」という自分の声明に引きずられる形でより大きく変容した**のである。「自分はおもしろいと思ったから、人にも"おもしろかった"と伝えたのだ」というように。

ブラック企業の社員の思考

　冒頭で挙げた「ブラック企業」の例に戻ってみよう。

　もちろん人によっていろいろな事情があるだろうが、つらい状況で働き続ける自分に対し「やりがいがあるから」等の理由づけを行っている可能性も一度考えてみてほしい。**労働の待遇が過酷であるほど、より「仕事が**

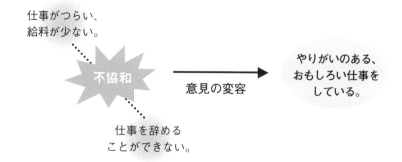

認知的不協和理論で見るブラック企業の社員の思考

仕事がつらい、
給料が少ない。

不協和　→　意見の変容　やりがいのある、
おもしろい仕事を
している。

仕事を辞める
ことができない。

おもしろい」という意見へ変容しやすいことは、実験で見たとおりである。

　こうした中で知らず知らずのうちに疲労が蓄積し、取り返しがつかなくなる前に、**不満や気になることはその都度、（つまり、意見が変容しないうちに）口に出したり日記に記録する、**ということを試してみてほしい。

自分の行動は自分の心を映す鏡？

　最後に、別の立場からの結果の解釈を紹介したい。

　我々は、自分の感情でさえ勘違いしてしまうことがある。こうした見方をさらに発展させたのが、自己知覚理論である（Bem, 1967）。これによれば、人は他者の状態（例：怒っている）を知るためには観察可能な手がかり（例：乱暴な動作）から推測するしかないが、実は**自分の状態を知る際も同様に、自分の行動や周りの反応等から判断する**ことが多い。

　この立場に立つと、最後のインタビューで「作業がおもしろかった」と答えた学生が1ドル条件の場合に多かったのは、単にその直前の「報酬がたった1ドルであるにもかかわらず、次の参加者へ向けて作業をおもしろかったと話す自分」という観察可能な手がかりから、「自分は作業をおもしろいと感じていたのだろう」と推測したからだ、という解釈になる。

　すなわち、「不協和状態」とそれを低減するための意見変容という過程を想定しなくとも結果の説明ができる。

　こちらの立場に立ったとしても、**やはり日常における自分の不満を口に出したり紙に書いてみる（すなわち、自分にとって観察可能な行動として表出しておく）のは有効**だと思われる。

参考文献

　Daryl Bem, "Self-Perception: An Alternative Interpretation of Cognitive Dissonance Phenomena," Psychological Review: 74(3), 183-200, 1967.
　高橋昌一郎『感性の限界』講談社（講談社現代新書）、2012年。
　無藤隆／森敏昭／遠藤由美／玉瀬耕治『心理学』有斐閣、2004年。

嫌なことばかり思い出してしまう負のループに陥る前に。

08

気 分 一 致 効 果
Mood Congruency Effect

| 意　味 | 落ち込んだときには物事の悪い面ばかり見て、それをよく記憶する。逆に、うれしいときには良い面ばかり見たり記憶する。 |

| 関　連 | 認知的不協和(→120ページ) |

どんどん落ち込むのはなぜ

次のような経験はないだろうか。

朝、ちょっとした嫌なことが起きると、家のテレビで流れる悪いニュースばかり目に入るし、人と会っても相手の嫌なところばかり目につくような気がする。家に帰ってきた後もその日にあったネガティブな記憶ばかりがはっきりと思い出され、どんどん落ち込んでしまう——。

最終的には、自分の人生は嫌なことばかりだと考えてしまうかもしれない。

このように、**人は自分の今の気分に沿って物事を記憶したり、思い出したり、判断したりする傾向がある。**これを気分一致効果と呼ぶ。

これは必ずしも嫌な気分に限るものではなく、楽しい気分のループも起こりうるが、「落ち込み」のループのほうが人にとっては深刻な問題になり得ることは、想像に難くない。

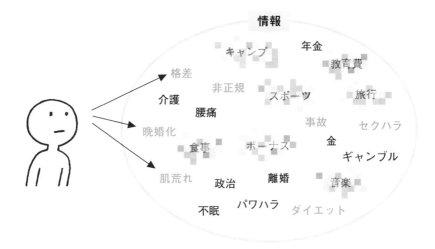

人は、自分の気分に合った情報に目が行きやすい

情報

キャンプ　年金
格差　教育費
非正規　スポーツ　旅行
介護
腰痛　事故　セクハラ
晩婚化
食事　ボーナス　金　ギャンブル
肌荒れ　政治　離婚　音楽
不眠　パワハラ　ダイエット

気分一致効果の実験

　日常的に起きる気分一致効果のような現象は、心理学実験によっても検証されている（Bower, et al., 1981）。

　大学生が対象とされていたこの実験は、「気分が表現のスタイルに及ぼす影響について検討する」ということだけが事前に伝えられていた。

　実験1日目、学生は催眠の手続きにより楽しい、もしくは悲しい気分のどちらかに誘導された。それから学生は、アンドレという楽しそうに過ごしている人物と、ジャックという何をやってもうまくいかずに落ち込んでいる人物が登場する物語を読まされた。

　そして、24時間後にまた実験室へ戻ってきた学生は、前日に読んだ物語を可能な限り詳しく思い出して書き出すよう頼まれた。

　その結果、物語について思い出した内容のうち、悲しい内容を思い出していた割合を参加者ごとに算出した結果、楽しい気分に誘導されていたグループの平均は45%だった一方で、悲しい気分に誘導されていたグルー

プの平均は85%にのぼり、統計的にも差があることが示された。

　また、悲しい気分で物語を読んだグループの8名全員が、悲しそうな
ジャックについての内容を、楽しそうなアンドレについてよりもよく記憶
していた（楽しい気分で物語を読んだグループにおいては、悲しそうなジャック
についてよりよく記憶していた学生はたった3名だった）。全体的な記憶量には
グループの間で差は見られなかった。

　もちろん、「単にその物語を読んだ学生が、自分の気分に近い登場人物
に共感し、その出来事を熱心に読んでいただけなのではないか」という疑
問もあるだろう。

　そこで、同じ論文の中で、1人の登場人物が幸せな出来事も悲しい出来
事も経験する物語を用いて再び実験が行われている。結果、この実験で
も、**物語を読んでいるときの自分の気分に合った内容をよく記憶するとい
う顕著な気分一致効果が生じた**ことがわかった。

気分一致効果を生み出すのは、脳の中のあるネットワークか

　この効果が生じるメカニズムについては、いくつかの説明が存在する。
　その中でも最も有名なものとして、前述の実験を行った心理学者によ
る、ネットワーク活性化仮説というものがある（Bower, 1981）。この理論
から前述の実験の結果を説明すると、次のようになる。

　実験に参加したある学生が、悲しい気分に誘導されたとする。すると、
その学生にとってそのときの「悲しい気分」と結びついた頭の中の概念が
活性化される。この活性化された概念やそれに近い物語の内容（例：ジャッ
クは恋人にふられてしまった）は、処理が促進され、よく記憶される。

気分一致効果からは逃れられないのか

　もしも人が皆、落ち込みのループを避けられないのだとしたら、人生は
とてもつらいものとなるだろう。しかし、そうしたネガティブな気分を和
らげる現象として、気分不一致効果というものも知られている。

落ち込んだときは、気分不一致効果を狙おう

あえて気分とは真逆の情報に触れて、
負のループを断ち切ろう！

　これは、**ネガティブな気分になったとき、過去の楽しい経験について思
い出すこと**を指す。

　このことから、**人は嫌なことがあっても、どうにか不快な気分を緩和
し、積極的に気分を切り替えることで、日々を過ごしている**ということが
示される。これを裏づけるように、ネガティブ方向への気分一致効果は、
ポジティブ方向よりも比較的生じにくいということも諸研究から明らかに
なっている。

　ただし、自分が落ち込んでいる自覚があれば、より意識的に「気分の切
り替え」を行うためにも、友人に電話したり、家族に自分の失敗を笑い話
として話したり、あるいは自分の好きなことをして静かに過ごしたりと
いった**気分転換を早めに行い、落ち込みループを未然に防ぎたい。**

参考文献

Gordon Bower, "Mood and Memory," American Psychologist: 36, 129-148, 1981.
Gordon Bower, Stephen Gilligan and Kenneth Monteiro, "Selectivity of Learning Caused
　by Affective States," Journal of Experimental Psychology: General: 110(4), 451–473,
　1981.
大平英樹『感情心理学・入門』有斐閣（有斐閣アルマ）、2010年。
太田信夫／多鹿秀継（編著）『記憶研究の最前線』北大路書房、2000年。

初めて来た所なのに、以前来たことがある
ような……それは前世の記憶なのか？

デジャビュ

Déjà Vu

| 意　味 | 実際は一度も体験したことがないはずなのに、すでにどこかで体験したことのように感じる現象。 |

| 関　連 | 舌先現象（→132ページ） |

この景色、前にも見たような…

　実際は一度も体験したことがないことを確信しているにもかかわらず、ふと、前にも同じことがあったように感じることはないだろうか。

「déjà vu」はフランス語で「すでに見たことがある」という意味を持つ語で、日本語では「既視感」がそれに当たる。

　こうしたデジャビュ現象は視覚に限らず、**たとえば会話などにおいても生じることがある**。知らないはずなのに知っているという奇妙な感覚から、神秘的な体験をしたと考える人も中にはいるかもしれない。

　しかし、人の心の仕組みを知ればきちんと説明がつく。

　さて、この現象は100年以上も前から研究者たちの関心を集めてきた。

　しかしながら、デジャビュを引き起こすきっかけがはっきりしないこと、デジャビュは内的な体験であり第三者から観察可能な「行動」が伴わないことなどから、科学的な研究手法にのっとって扱うのに苦労する現象

でもあった。

そもそもデジャビュ現象を指すのに使われてきた用語や定義も長いこと研究者によってばらばらで、デジャビュという語が科学者界隈で使われだしたのは1980年代後半からのようだ。この言葉が一般に広まったのはさらにその数十年後だという（まとめとして、Brown, 2003）。

病理か日常か

デジャビュ現象は、離人症や統合失調症、気分障害、パーソナリティ障害などとの関連があるのではないかという考えのもと、多くの研究がなされてきた。

その一方で、より日常的に、誰にでも起こり得る現象として考えた研究者たちもいた。

たとえばデジャビュ現象は単に「記憶の錯誤、もしくは誤った認識」から生じるものだと考えた著名な心理学者もいる（Titchener, 1928）。

日本人を対象とした研究においても、大学生・大学院生202名に対して場所あるいは人に対するデジャビュ経験について聞いたところ、**72%の人が経験ありと回答していた**（楠見、1994：まとめとして、楠見、2002）。

結局、精神疾患等を持っている場合とそうでない場合とで、デジャビュ体験率の高さに差はあるのだろうか？　さまざまな研究者による41の研究をまとめた報告によれば、デジャビュを生涯で少なくとも一度は経験し

デジャビュを一度でも経験したことがある人の割合（%）

	平均	中央値
全体	67	66
健康なグループ（32件）	68	70
精神疾患等を持つグループ（9件）	55	65

た人の割合は表の通りである（Brown, 2003）。

　すなわち病気や障害の有無にかかわらず、3人に2人程度は人生でデジャビュを経験するといえよう。

▌デジャビュを経験するきっかけの1つ「類似性」

　この現象を説明するために数多くの理論が提唱されているが、そのうちの類似性認知からの説明を紹介する（楠見、2002）。

　図1の右側を見ていただきたい。たとえば今、あなたが長い階段を上っている最中にデジャビュが生じたとしよう。

　実は、あなたは以前、実際に似たような光景を目にしたことがあるのだ。そのこと自体は自分の意識にはのぼらないが、目の前の光景がきっかけとなって昔の記憶が無意識的に想起され、そのことが「懐かしい」という感覚としてもたらされる（このように、人の情報処理過程には意図的なもの

図1　似ている過去の風景が無意識に思い出される

と無意図的なものがあり、はっきりと過去の記憶と関連づけて思い出せる場合を心理学用語で「回想」、なんとなく懐かしいがいつどこで経験したのかを思い出せない場合を「熟知性」と呼び分ける）。

実際、大学生にデジャビュを経験した場所について聞くと、3割以上の人が並木道、古い町並み、公園、庭園、校舎、寺社を挙げていた（楠見、2002）。**これらの風景は、あちこちの街で目にするしどれも類似している。デジャビュが起こりやすい条件を満たしている場所である**と言えよう。

デジャビュが起きても心配はいらない

デジャビュというのはれっきとした心理現象である。多くの人が体験するものであり、そのこと自体に心配はいらない。**決して神秘的なものでもないし、「前世の記憶」でも何でもない。**

ただし、もしもデジャビュが前世の記憶の反映だと信じ込んでいる人が身近にいたとしても、無理にその考えを変えさせる必要はないだろう。どんな死生観を持つかは個人の自由だし、**死後の「生まれ変わり」を信じる大学生のほうがそうでない場合よりも生きがい感が高い**という調査報告もある（大石ら、2007）。

ただし、デジャビュはストレスや疲労と関連がある可能性も指摘されている（まとめとして、Brown, 2003）。もしもデジャビュを頻繁に体験している人が近くにいたら、ゆっくりと休息を取るようすすめてみよう。

参考文献

Alan Brown, "A Review of the Déjà Vu Experience," Psychological Bulletin: 129(3), 394–413, 2003.

Edward Titchener, A Text Book of Psychology, Macmillan, 1928.

大石和男・安川通雄・濁川孝志・飯田史彦『大学生における生きがい感と死生観の関係:PILテストと死生観の関連性』健康心理学研究、20(2)、1-9、2007年。

楠見孝『デジャビュ(既視感)現象を支える類推的想起』日本認知科学会第11回大会発表論文集、98-99、1994年。

楠見孝『メタファーとデジャビュ(特集 メタファー……古くて新しい認知パラダイムを探る)』言語、31(8)、32-37、2002-07年。

認知科学系
バイアス

10

「えーと、アレ、ほら、タがつくやつ……」
「ど忘れ」はなぜ起きるのか?

舌先現象

Tip of the Tongue Phenomenon

| 意　味 | ある内容をもう少しで思い出せるのに思い出せない、という状態のこと。tip of the tongueを縮めてTOT現象とも。 |
| 関　連 | デジャビュ(→128ページ) |

ほら、あの曲名、何だっけ?

　確かに覚えているはずなのに、とっさにその単語が出てこない。こうした状態を日本語では「喉まで出かかっている」と言い表すが、英語では"it's on the tip of my tongue"、すなわち「舌の先に乗っている(しかし口の外まで出てこない)」、という言い方をする。そのため、心理学ではこの現象を舌先現象と呼ぶ。

　この日常的な現象については、英語以外の多くの言語においても「舌」の比喩が用いられている(Schwartz, 1999)。たとえばイタリア語(sulla punta della lingua)およびアフリカーンス語(op die punt van my tong、南アフリカ共和国で広く使われている)における表現はいずれも「舌の先端」を意味する。他にもエストニア語の「舌の頭にある」、シャイアン族の言葉の「舌でそれを失った」、アイルランド語の「舌の前」、ウェールズ語の「私の舌の上」、マラーティー語の「舌の上」、そして韓国語の「私の舌の先で

輝く」など、各国で類似した表現が用いられている。

　舌先現象はすべての年齢の人々に起こりえるが、高齢者においてより起きやすいことが諸研究から示されている。

舌先現象を「飼い馴らす」

　舌先現象は60年近く前に初めて実証的に検討された（Brown and McNeill, 1966）。それまでは「前兆なしに人を襲う野生の獣のような状態」であった舌先現象が、それ以降、**家畜として飼い馴らされて研究可能な状態となった、**と評されている（Jones, 1988）。

　実験へ参加した56名の大学生に対し、実験者は普段あまり使わないような単語の「定義」（例：角距離、特に海の太陽・月・星の高度を測定するために使用される測量機器）を読み上げる。

　そして参加者には、もしも「単語が思いつかないけれど、その単語自体は知っていて、あとちょっとで思い出せる」と感じたら、ただちに手元の回答用紙への記入を始めるように、と指示される。

　手元の回答用紙は、参加者が「思いつきそうになっている単語」の音節数と初めの文字などを推測して記入するようになっていた（舌先現象を体験していない参加者たちは、回答せずに待っているよう伝えられた）。

　全員が記入し終えた後、実験者が先ほどの定義に該当する単語（例：六分儀）を読み上げた。

完全には思い出せないが思い出せそう…

　実験で使用したすべての語、すべての参加者の事例をまとめると360件が集まり、そのうち舌先現象が発生していたのが233件であった。

　回答用紙のデータを分析したところ、**単語を完全には思い出せないが思い出せそうだと参加者が感じていた場合のほうが、そうでない場合よりも、その単語に含まれる文字や音節の数、および主な強勢アクセントの位置についてより正確に回答していた。**そしてその傾向は、より「思い出せ

そうだ」と感じていた場合においてより強く見られた。

　思い出せていないのにその単語の特徴が部分的にわかる、というのは奇妙に感じられるかもしれないが、私たちも普段から、「あれ何だっけ……最近流行っている、"タ"から始まるやつ」のように、よく体験することである。

舌先現象に関する2つの理論

　舌先現象に関する理論は、大きくは直接アクセス説と推論説の2つに分けられる。

　直接アクセス説によれば、思い出せないながらも「覚えているはず」という感じをもたらす場合、舌先現象が生じる。

　一方で推論説によれば、思い出そうとしている項目が記憶として残っている可能性が高いことを示す手がかり（例：思い出したい単語についての部分的な情報を得られること等）から、「思い出せる状態にあるはずである」という推測が無意識のうちになされ、舌先現象が生じる。

　これら2つの説は似ているように思えるかもしれないが、前者は「我々の意識は頭の中で起きていることをそのまま反映している」という立場を取っているのに対し、後者は「頭の中で実際に起きていることと、我々が意識として体験することは必ずしも一致しない」という立場である。

　後者のように、私たちの意識に上るものとは別の情報処理過程があるという考え方は古くから二重過程理論として知られている。2つの情報処理過程の違いは、私たちの日常にさまざまに影響を及ぼしているのである。

「思い出せない」＝「忘れてしまった」ではない

　舌先現象に陥ると、思い出せないことに焦り、不快な思いをするかもしれない。しかし焦らずとも多くの場合、十分な時間をかけさえすれば、最終的には思い出せることが知られている。「思い出せない」ことは「忘れてしまった」ことを意味しない。

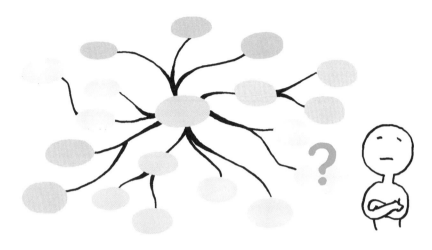

記憶の糸を手繰り寄せよう

一度記憶したものは、手がかりがあれば思い出せる。

　映画「千と千尋の神隠し」の中で、「一度あったことは忘れないものさ、思い出せないだけで」というセリフがある。すべて忘れないというのは言い過ぎだが（そもそも記憶に残らない場合もある）、基本的にはこのスタンスに立ち、思い出せるのをゆっくり待とう。

参 考 文 献

Roger Brown and David McNeill, "The 'Tip of the Tongue' Phenomenon," Journal of Verbal Learning & Verbal Behavior: 5(4), 325–337, 1966.

Gregory Jones, "Analyzing Memory Blocks," edited by Michael Gruneberg, Peter Morris and Robert Sykes, Practical aspects of memory: Current research and issues, Wiley, 1988.

Bennett Schwartz, "Sparkling at the End of the Tongue: The etiology of tip-of-the-tongue phenomenology," Psychonomic Bulletin & Review: 6, 379–393, 1999.

高橋昌一郎『反オカルト論』光文社（光文社新書）、2016年。

服部雅史／小島治幸／北神慎司『基礎から学ぶ認知心理学: 人間の認識の不思議』有斐閣（有斐閣ストゥディア）、2015年。

論理学的アプローチ

認知科学的アプローチ

社会心理学的アプローチ

一生大切にしたいほどの美しい思い出が、
実は虚構だったとしたら……。

11

フォルス・メモリ

False Memory

| 意　味 | 実際には経験していない事柄を経験したかのように思い出す現象のこと。虚偽記憶、あるいは過誤記憶とも呼ぶ。 |

| 関　連 | スリーパー効果（→140ページ） |

記憶は変わっていくもの

　日常で接するさまざまな情報や、あるいは幼少期のころの出来事をどれくらい覚えているだろうか。中にはうろ覚えだったり、まったく思い出せないものも数多くあるだろう。

　一方で、**当時の情景など比較的はっきりと思い出すことができるにもかかわらず、それが真実とは異なることもあるかもしれない。**ここではそうした現象にまつわる研究を紹介したい。

　アメリカで行われた「記憶の移植」に関する実験を、以下に紹介する（Loftus and Pickrell, 1995）。

　実験者はクリスという14歳の少年に対し、「あなたが子供のころに体験した出来事」という体で、クリスの子供時代に実際に起きた出来事3つと、本当は起きていない出来事1つを提示した。クリスは、これら4つの出来事すべてについて、これから5日間思い出したことを紙に記録するように

「記憶の移植」に関する実験とは？

実際に経験した3つの出来事と、
経験したことのない1つの出来事について思い出してもらうと…

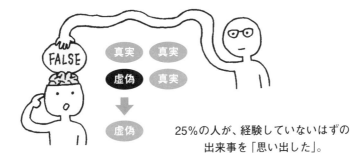

FALSE

真実　真実

虚偽　真実

↓

虚偽

25%の人が、経験していないはずの
出来事を「思い出した」。

と実験者から頼まれ、詳細を思い出せない場合は「覚えていない」と書く
ように指示された。

　過去にクリスが経験したことと偽って彼へ伝えられていたのは「ショッ
ピングモールで迷子になった」という出来事であった。実際に体験してい
ないにもかかわらず、クリスがその出来事をどのように "思い出した" か
については以下の回答のとおりである。

・5歳のとき、家族がよく買い物に行くワシントン州スポケーンの
　ユニバーシティ・シティショッピングモールで迷子になった。
・年配の男性に助けられて家族と再会したとき、激しく泣いていた。
　助けてくれた男性が「本当にかっこいい」と感じた。
・二度と家族に会えないのではないかと怯えた。母親に叱られた。

　クリスはさらに、助けてくれた男性は青いフランネルのシャツを着て、
少々歳を取っていて頭頂部がはげており、眼鏡を持っていたと答えた。
　クリス少年は特殊な例だったのだろうか？　その後、上記と同様の実
験が24名の男女（18〜53歳）に対して再び実施されたが、参加者のうち
25％が、実際には経験していないはずの出来事について思い出していた

(Loftus and Pickrell, 1995)。

すなわち記憶は**決して「ビデオレコーダーのようなものではなく」、新たに得た情報から絶えず干渉を受け、補足され、再構築されていく**のである。このように、実際には経験していない事柄を経験したかのように思い出す現象を指して**フォルス・メモリ**と呼ぶ。

記憶回復療法が用いられなくなった理由

こうした研究結果は当時のアメリカにおいて大きな影響を及ぼした。

たとえば、フロイト的な精神分析の立場によれば、無意識的に思い出されないように抑圧されたトラウマ的な記憶を解放することが、不適応からの回復につながるとされていた。したがって、セラピーを通じて過去に家族から虐待を受けていた記憶を思い出した患者も当時は数多くおり、子が親を訴える事例などもあった。

しかし、**セラピーを通じて思い出された記憶は、本当に抑圧された記憶だったのだろうか？　フォルス・メモリだったという可能性はないのか？**

この点について、心理療法家と記憶の研究者の間における激しい論争が巻き起こり、虐待被害者・容疑者それぞれの人権や支援についての議論へまで発展した。

この論争は現在に至るまで明確な決着はついていないが、**記憶回復療法は現在ではほぼ用いられておらず、一応の落ち着きを見せている。**

目撃証言の信ぴょう性

ニュースを見ればわかるとおり、私たちの身の回りでは日々、さまざまな事故や事件が起きている。そうした事故現場をたまたま目にしてしまった、あるいは自分が巻きこまれてしまった、という場合、目撃した人の証言が重要な証拠となる場合がある。

しかしながら、**見聞きしたことの記憶がそのまま正確に保たれているとは限らない。なぜならば、後から与えられた情報によってまったく新しい**

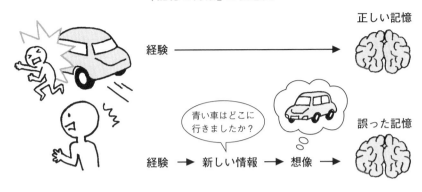

「記憶の汚染」の概念図

正しい記憶

経験

誤った記憶

青い車はどこに
行きましたか？

経験 → 新しい情報 → 想像

記憶がつくられてしまうからである。こうした現象を指して記憶の汚染と呼ぶことがある。たとえば、うかつな警官から「あなたが見た青い車は、どちらへ去っていきましたか？」と質問されたとしよう。たとえ事実とは違っても、「自分は確かに"青い車"を見た」という記憶がつくり出されてしまうかもしれない。

注意すべきは上記の例のような特殊な場合に限らない。

膨大な情報に触れる現代人は、記憶の汚染の機会も、かつてないほど増えている可能性がある。

いらぬ諍いを避けるためにも、自分では明確に覚えていると思う事柄についても、事実とは異なる可能性は念頭に置くべきかもしれない。

加えてもう1つ、たとえ誰かが語る体験が事実とは異なることがわかったとしても、それを即「悪意を持ったウソだ」と断罪するのは尚早だということも押さえておきたい。

参考文献

Elizabeth Loftus and Jacqueline Pickrell, "The Formation of False Memories," Psychiatric Annals: 25, 720-725, 1995.
Elizabeth Loftus, Eyewitness Testimony, Harvard University Press, 1979.[E.F.ロフタス（西本武彦訳）『目撃者の証言』誠信書房、1987年。]
太田信夫編『記憶の心理学と現代社会』有斐閣、2006年。
太田信夫／多鹿秀継（編著）『記憶研究の最前線』北大路書房、2000年 。
下條信輔『〈意識〉とは何だろうか―脳の来歴、知覚の錯誤』講談社（講談社現代新書）、1999年。

時間が経つにつれてフェイクニュースに信
憑性が生まれてくる抗いがたい理由。

スリーパー効果

Sleeper Effect

意　味	信頼性の低い情報源から得た情報によって、当初は意見が左右されなくても、時間の経過とともに意見や態度が変容するること。
関　連	フォルス・メモリ（→136ページ）

うわさ話の出どころは？

　私たちは日々、テレビや雑誌、ネット、人のうわさ話などを通じてさまざまな情報に触れる。時には不確実な情報が独り歩きしてしまい、デマの拡散や特定の個人のバッシング、さらに「炎上」へつながることもある。

　ほとぼりが冷めてから振り返ってみれば、こう思うこともあるだろう。「なぜこんな話を信じてしまったのか？」

　よくよく考えてみれば、根拠は見知らぬ誰かのSNS投稿だけだったのに——。

　こうした現象に関連する認知バイアスとしてスリーパー効果を紹介しよう。

　以下は、アメリカで行われたある実験についてである（Hovland and Weiss, 1951）。

　実験へ参加した大学生は、当時世間から注目されていた4つの話題につ

いての記事を読まされた（「抗ヒスタミン薬は医師の処方箋なしで販売され続けるべきか？」など）。

この際、記事とともにその記事の「情報源」が明示されていたが、実はこれが実験条件として操作されていた。たとえば抗ヒスタミン薬の話題であれば、生物医学誌に載ったとされる場合と、大衆月刊誌による記事であるとされる場合とがあった。また、いずれの条件においても読まれる記事本文は基本的には同じだが、最後の結論の箇所だけ肯定的なバージョンと否定的なバージョンの2つが存在していた。どの条件に割り振られるかは人によって異なっていた。

大学生は、実験者からこれは一般的な世論調査であると伝えられたうえで、4つの記事を読む前、読んだ直後、および読んだ4週間後の3回にわたって質問へ回答した。

そこではこの記事が提唱する立場の方向に大学生の意見がどの程度変容

図1　情報の説得性は時間とともに変わる

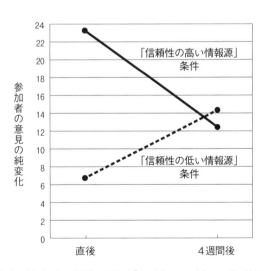

参考：Carl Hovland and Walter Weiss, "The Influence of Source Credibility on Communication Effectiveness," Public Opinion Quarterly: 15(4), 635-650, 1951.

したかについてのデータが測定されたが、大学生が実験の意図に気がつかないよう、他にも無関係な質問がされていた。

結果は図1に示したとおりである。

記事を読んだ直後は、情報源の信頼性が高いほど意見変容が起きやすく、また信頼性が低いほど起きにくいという、誰もが予測できる結果であった。

しかし、4週間後はそれらの差が消失していることがわかる。言い換えれば、**当初は読み手が信頼できない情報であると判断していたにもかかわらず、時間の経過とともに説得される**傾向がうかがえる。

頭の中に存在するスリーパー？

このように、**人々が説得力のあるメッセージに続いてその信頼性を下げるような情報（例：この記事は大衆誌に載ったものである）に触れた際、いったん下がったメッセージの説得性が時間経過により増していく**ことがある。

このような現象を、行動すべきときまで一般人のふりをして暮らすスパイ、すなわち「スリーパー」にちなんで、「スリーパー効果」と呼ぶ。

この現象の裏にはソース・モニタリングというメカニズムがある。ソース・モニタリングとは、**自分の記憶にある情報（聞いた話、見た景色など）をどこから得たのかについて、情報源をきちんと判別できる機能**を指す。

このスリーパー効果についても、時間の経過によって「記事の内容を覚えているが情報源を忘れてしまう」状態になる（あるいは「情報源自体は覚えているが、それらと記事との関連づけができない」状態になるという説もあるが、いずれにせよ）ソース・モニタリングに失敗している状態であると考えられよう。前節で解説したフォルス・メモリも、ある記憶について、それが自分が実際に体験したことなのか、人から聞いたり頭の中でイメージしたことなのか、区別がつかない状態だと解釈できる。

スリーパー効果が生じる条件についても、以下のようにいくつか研究で

示されている。

- 情報（記事）そのものに説得力がある場合。
- 先に情報が、その後に情報源が提示される場合。
- 情報源の信頼性が、情報に触れた直後の態度変化を抑制するのに十分なほど低い場合。
- 情報に触れた後十分な時間が経過している場合。

「言ったもの勝ち」の戦争

アメリカには今、「swiftboating」という新しい言葉がある。これは選挙の際などに対立候補に対してなされる個人的で激しい攻撃を指した言葉である。こうしたパフォーマンスは、見ていて不快に思ったり、情報に信頼がおけないと判断される場合も多いだろう。

しかし、**こうしたやり口が後になってじわじわと効いてきて、得票数に差をつけてしまう可能性がある**のだ。

私たちは日々多くの情報に曝されながらも、それらがフェイクニュースか否かを自分できちんと判断できている、と考えがちである。

しかし、いつの間にか信頼していた情報の中に**「スリーパー」が紛れている**ことも考えられる。素性のよくわからない人たちが「暴露」と称して真偽もわからない噂をSNSや動画サイトに垂れ流しているような昨今では、特に注意をすべきであろう。

また一方で、自分の発した何気ないつぶやきが、噂話やSNSを介して広まり取り返しのつかないことを引き起こす可能性があることを覚えておいてほしい。

参考文献

太田信夫／多鹿秀継(編著)『記憶研究の最前線』北大路書房、2000年。
高橋昌一郎『反オカルト論』光文社(光文社新書)、2016年。

認知科学系
バイアス

13

「ひらめき」に至るために必要な意外なステップ。

心的制約

Mental Constraints

意味 人の問題解決を阻む無意識的な先入観のこと。

関連 機能的固着（→148ページ）

9点問題と空想の「箱」

右の図をご覧いただきたい。さて、これらの9点の上を一筆書きの直線で通らなければならないとしたら、最低で何本の直線が必要だろうか。なお、同じ点を何度通っても構わない。

この問題を初めて解く人の多くは「5本」と答えるかもしれない。では、直線の本数を4本以下に限定されてしまったら、どのように点の上を通ればよいだろうか？

9点問題

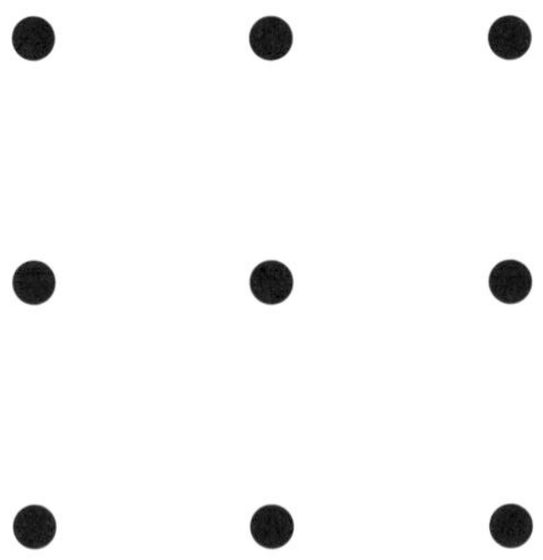

この問題はシンプルに見えるが正答率は20～25%程度とも言われ、難解

なことで有名なパズルの1つである。

　正解のいくつかを、147ページに示した。読者の方々はこのような答え を思いついただろうか。

　この問題の難しさは、回答者が9つの点をバラバラに認識するのではな く、それらから「1つの正方形の箱」を想像してしまうことにある。そし て人は、その「箱」の中に収まるように直線を引こうと考えてしまうので ある。

　このような、**問題を解くうえで妨げになる無意識的なとらわれ**を心的制 約と呼ぶ。この心的制約の緩和、つまり発想の転換をしない限り、回答者 はいつまでも箱の内側に留まり続けて手詰まりの状態に陥るだろう。

箱 の 外 へ 飛 び 出 す た め に

　"think outside the box" という熟語が頭を柔らかくして考えることを指す のは、この9点問題を由来としている。

　問題を解くためには、無意識的にとらわれてしまう前提を打ち破り、 「直線は箱の外に飛び出す」、「直線は点のないところでも折れ曲がる」と いう発想をする必要があるからである。

　このような発想の転換は、どのようにして可能になるのだろうか。**人が ひらめきに至るまでのプロセスには、準備、孵化、啓示、検証の4段階が ある**とされている（Wallas, 1926）。

　準備の段階では、人は問題解決に集中し、挑戦と失敗を繰り返す。9点 問題でいえば、箱の内側で試行錯誤をしている状態である。そして正解へ の道筋が得られず、手詰まりに陥る。

　次に訪れるのが孵化の段階である（incubationの訳語として「孵化」が定着 しているが、ここでは卵が孵る前の温めの時期を指す）。この段階にある人は、 ぼんやりしたり別の簡単な作業を始めたりするため、はた目には問題を解 くための努力が放棄されたように見えるかもしれない。しかしこの間、**実 は無意識的な努力は継続されている**。

そして啓示の段階において、ひらめきが訪れる。この段階の人には、ある瞬間に「唐突に正解を思いついた」ように感じられ、それは驚きや感動を伴うことがある（アハ体験と呼ばれる）。

最後の検証は、思いついたアイデアを試し、その有効性を確かめる段階である。

これら4つの段階は、それぞれ独立に起こるものではなく、お互いに作用しあっている。孵化を経て啓示に至るのは、準備の段階で問題に集中して取り組み、問題の基本的構造を理解したからこそである。

「ぼんやり」の重要性

さまざまな歴史的発見に関する逸話においても、この孵化段階の重要性についてはよく示されている。

たとえば、古代ギリシアのアルキメデスは、王冠の体積を測定するための方法を、入浴時に浴槽からあふれる湯を見て思いついたとされる。リラックスしているときに良いアイデアがひらめくというのは、覚えのある方も多いのではないだろうか。

前述の「4つの段階」を提唱した心理学者は、**仕事の流れの中に作業に集中する時間とそれを中断する時間を組み込むことにより、孵化段階がもたらす効果を意図的に引き起こす**ことを提案している。

近年アメリカの研究グループが、創造性をはかるとされている課題を用い、休憩の効果について検討している（Baird, et al., 2012）。この実験の対象者は、課題中に休憩あり・なしという2グループの他に、一旦課題を中断して別の課題（集中を要する課題、またはぼんやりしながら取り組める課題）にそれぞれ参加するグループという計4グループへ割り振られた。その結果、一旦課題を中断して、別のぼんやりできるような課題に取り組んでいたグループにおいて、中断前の課題に対するひらめきがより多くもたらされていた。

これらのことは、**ひらめきのためには単に「休憩を取ればいい」という**

ものではなく、ぼんやりとリラックスすることが重要であることを示している。

　たとえばあなたが、何も良いアイデアが浮かばず煮詰まって休憩を取ろうとするのなら、スマートホンを操作したり、気になる小説の続きを読んだりするよりも、意図的に「何もしない」時間をつくるのがより効果的かもしれない。

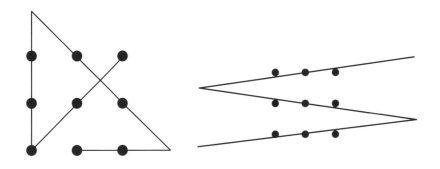

9点問題の解答。
この問題は、100年以上も昔のパズル本にすでに登場する。

参考文献

Benjamin Baird, Jonathan Smallwood, Michael Mrazek, Julia Kam, Michael Franklin and Jonathan Schooler, "Inspired by Distraction: Mind Wandering Facilitates Creative Incubation," Psychological Science: 23(10), 1117-1122, 2012.
Graham Wallas, The Art of Thought, Harcourt, Brace & Co., 1926.
安西祐一郎『問題解決の心理学：人間の時代への発想』中央公論社（中公新書）、1985年。
道又爾／北崎充晃／大久保街亜／今井久登／山川恵子／黒沢学『認知心理学：知のアーキテクチャを探る［新版］』有斐閣（有斐閣アルマ）、2011年。

まだまだ人工知能には負けていない人間
固有の能力とは?

機 能 的 固 着

Functional Fixedness

| 意 味 | ある物の使い方について、ある特定の用途に固執してしまい、新たな使い方についての発想が阻害されること。 |

| 関 連 | 心的制約(→144ページ) |

ロウソク問題を解いてみよう

　あなたの目の前に、図1のような道具がある。これらの道具だけを使ってドアにロウソクを固定するためには、どうすればよいだろうか(答えは151ページの図2参照)。

　これは人が問題解決をどのように行うのかを調べるために考案された問題である(Duncker, 1945)。

　実験では、図1のように「容器」としてすでに使用されている状態の小箱を見せられた実験参加者と、箱が空の状態で見せられた実験参加者に分けられた。

　その結果、箱が空の状態で示される条件では、すべての参加者が図2の答えに気がついた。しかし容器として使用されている状態で箱を提示される条件では、正答率は半数以下であった。これは、箱の持つ「容器」という**本来の機能に引きずられて、それ以外の使い道が思いつけなくなってし**

図1　ロウソク問題

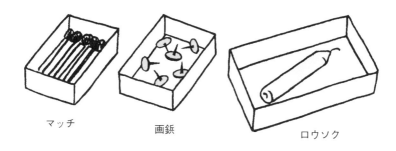

マッチ　　　　　画鋲　　　　　　　ロウソク

これらの道具を使ってドアにロウソクを
固定するにはどうすればいいか？

まったためと考えられる。このような状態を機能的固着と呼ぶ。

ひらめきとのつながり

　たとえこうした機能的固着を起こしたとしても別に困らない、と思う人もいるだろう。しかしここから脱するような力こそが、何かに困ったり、アイデアが煮詰まったりしたときに、ブレークスルーをもたらす力となるかもしれない。

　日常では、**たった1つの正解にたどり着くために必要な思考（収束的思考）ではなく、新しい発想をどんどん出していくタイプの思考（拡散的思考）も必要になる。**この拡散的思考は、ひらめきを導く力と関連すると言われている。知能の高さとは関係なく、伝統的な知能テストでは測定するのが難しい能力である。

　このひらめきを導く力（創造性の高さ）をはかるためのものとして、Unusual Uses Test（UUT）というものがある（Guilford, 1967）。

　テストの内容は、私たちが日常でもよく目にするものの新しい使い方をなるべくたくさん考えるというものである。

　ここでは題材として、500mlのペットボトルについて考えてみていただ

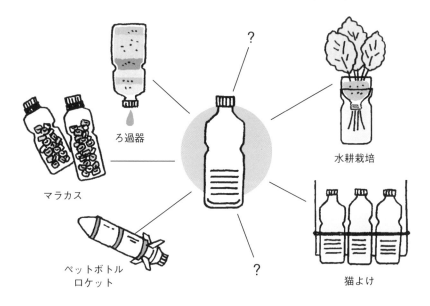

ペットボトルの使い道をいくつ思いつく？（UUT）

ろ過器

マラカス

ペットボトル
ロケット

水耕栽培

猫よけ

きたい。

　中に水を入れて運ぶ、といった本来の使い方のほかにも、たとえば数本に水を入れて漬物石にする、投げて飛距離を競う、中に砂利を入れてマラカスにする、輪切りにして腕輪をつくる、といったように、さまざまな使い道を思いつくだろう。

人工知能がまだまだ人間に追いつけない能力

「人の雇用は、数十年後には人工知能（AI）に奪われる」といった話をどこかで耳にしたことがあるかもしれない。

　この話の発端になったと思われる報告書がある（Frey and Osborne, 2013）。この報告では、アメリカ国内の702の職業を対象に、その業務のコンピュータ化についての将来的な確率が推定されている。コンピュータによる自動化が「この10年か20年以内に」可能になる仕事は、アメリカの総

雇用の約半数にも上る、というのがその主張である。

　では、私たちの仕事は、実際にもうすぐ人工知能に取って代わられてしまうのだろうか？　そうとは限らない。私たちが日々直面している、ちょっとした**「想定外」な問題の解決には、創造性が必要となる**からである。

　創造的な人工知能の開発については現在多くの研究者が昼夜研究を重ねており、人工知能に創作活動を行わせる試みもある。しかしながら、**人間の創造性についても未解明の部分が多い以上、人と同等かそれ以上の創造性を人工知能が身につけるのはまだ先になる**だろう。

　今後、社会のグローバル化などがもたらす大きな変化により、未来の予測が不可能な時代が到来すると言われている。

　そんな中でより重要となるのは、従来のやり方にこだわらずに柔軟な発想で時代を乗り切る力であろう。

図2　ロウソク問題の答え

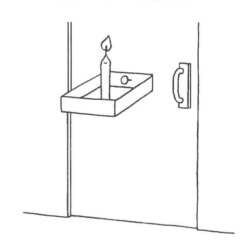

参考文献

Karl Duncker, "On Problem-Solving," translated by Lynne Lees, Psychological Monographs: 58(5), i–113, 1945.

Carl Frey and Michael Osborne, "The Future of Employment: How Susceptible are Jobs to Computerisation?" 〈https://www.oxfordmartin.ox.ac.uk/downloads/academic/The_Future_of_Employment.pdf〉 Sep. 17, 2013.

Joy Guilford, The Nature of Human Intelligence, McGraw-Hill, 1967.

安西祐一郎『問題解決の心理学：人間の時代への発想』中央公論社(中公新書)、1985年。

道又爾・北崎充晃・大久保街亜・今井久登・山川恵子・黒沢学『認知心理学：知のアーキテクチャを探る[新版]』有斐閣(有斐閣アルマ)、2011年。

「歩きスマホ」をはじめ、「ながら○○」が
非常に危険な理由。

選択的注意
Selective Attention

意 味	周囲のざわめきの中でも特定の話者の言葉だけを聞くことが可能なように、多くの情報の中から必要なものを取捨選択をすること。

関 連	注意の瞬き（→156ページ）

パーティのざわめきの中での会話

　多くの人がいるパーティ会場やカフェのように、周りが思い思いにおしゃべりをしてザワザワしている状況をイメージしていただきたい。

　そんな中で、少し離れた所にいるグループの会話に耳をそばだててみると、周囲の騒がしさにもかかわらず、不思議と明瞭に聞き取れるものだ。

　これをカクテルパーティ効果と呼び、私たちも日常でよく経験するが、イギリスで行われた一連の実験によって証明された（Cherry, 1953）。

　この実験の参加者は、左右の耳へ同時に異なる音声を提示され、左右どちらかの音声にのみ注意を向けて口頭で繰り返すように言われる（追唱法）。すると参加者は、自分が注意を向けていなかったほうのメッセージについては、音響的な特徴（例：英語のようであった）以外はまったく思い出せず、実は英語母語話者が（英語っぽく）ドイツ語を話していた、という事実にすら気がつかなかったのである。

カクテルパーティ効果とは？

騒がしい場所でも、特定の会話だけに
注意を向けて聞くことができる。

　このことから、**自分が注意を向けていない音声情報は「排除」され（逆
に言えば自分が注意を向けている音声情報のみが「選択」され）、私たちにとっ
て「音声が聞こえる」という体験をもたらしている**と考えられる。

選択的注意は音声以外にも行われている

　上記のような音声の例に留まらず、私たちは常に、身の回りを取り巻く
膨大な情報の中からあるものに注意を向けている。そのような機能を選択
的注意と呼ぶ。

　私たちが普段この選択的注意をいかに効率的に使っているかについて、
アメリカで行われた一連の実験が有名である（Simons and Chabris, 1999）。
インターネットで実験の動画が公開されているので、"selective attention
test"（選択的注意テスト）と検索し、バスケットボールに興じている人々の

動画を視聴してもらいたい（最初の英語の説明は「白い服を着ている人々が何回バスケットボールをパスしたか、数えてください」というものである）。

新鮮な驚きを体験していただくために動画の詳細はここでは伏せておくが、1分半もない短い動画である。この愉快な実験に対し、研究者らには2004年のイグ・ノーベル賞（人々を笑わせ考えさせた業績に対して与えられる賞）が贈られた。

選択的注意から外れると…

ここまでの話で、**注意というのは環境に無数に存在する情報の1つへ焦点を当てるスポットライトのような機能を持っている**ことがわかるだろう。

そして**この情報の選択から外されたものに関しては、比較的大きな変化があっても気づきにくい。**この現象を変化盲と呼ぶ。

ここで次の実験を紹介しよう（Simons and Levin, 1998）。こちらもインターネットで「the "Door" study」と検索すると、動画を閲覧できる。

この実験では、実験者が通りすがりの歩行者に道を尋ねる。実験者と歩行者が話している最中に、大きな板材を運搬している人々（実はサクラ）が2人の間を横切る。この隙に、最初に歩行者と会話していた実験者は、板材の陰に隠れて巧みにサクラと入れ替わってしまう。そして板材が通り過ぎた後は、（最初に歩行者と話していた実験者とは見た目も声もまったく別人の）サクラが歩行者と会話を続行する。

歩行者はその事実に驚いたり、先ほどまで自分に道を尋ねていた人物を探そうとするだろうか？　実際は、**半数の歩行者は自分と会話していた人物が入れ替わっていることにまったく気がつかず、何事もなかったかのように会話が続行された。**

「ながらスマホ」の危険性

まとめると、私たちは注意の「スポットライト」を駆使して限られた処

理能力を有効活用している。だからこそ、限られた「スポットライト」の使い方はよく考えなければならない。

たとえば、現在自転車の片手運転は道路交通法で禁止されている。いわゆる「ながらスマホ」は法律違反なのだ。したがって、自転車にスマートホンを固定して使える器具も売られているが、これは問題を解決したと言えるだろうか？

もうお気づきだろうが、これは**認知科学の知見からすると非常に危険**である。物理的に両手が使えることは、必ずしも安全を意味しない。

注意のスポットライトがスマートホンにのみ向いてしまい、それ以外の情報がすべて「排除」されてしまうとしたら――想像するだに恐ろしい。「気がつかなかった」では済まされないような取り返しのつかない事態になる前に、普段自分がそうした行動をしてしまっていないかは、誰しもが振り返るべきだろう。

参考文献

Colin Cherry, "Some Experiments on the Recognition of Speech, with One and with Two Ears," Journal of the Acoustical Society of America: 25, 975–979, 1953.

Daniel Simons and Daniel Levin, "Failure to Detect Changes to People During a Real-World Interaction," Psychonomic Bulletin and Review: 5, 644-649, 1998.

Daniel Simons and Christopher Chabris, "Gorillas in Our Midst: Sustained Inattentional Blindness for Dynamic Events," Perception: 28, 1059-1074, 1999.

道又爾／北崎充晃／大久保街亜／今井久登／山川恵子／黒沢学『認知心理学:知のアーキテクチャを探る[新版]』有斐閣 (有斐閣アルマ)、2011年。

歩きスマホをしていると事故に遭いやすい
これだけの理由。

注意の瞬き

Attentional Blink

意 味	注意を払わなければならない対象が短時間内に複数現れるとき、後続のものが見落とされがちになる現象。

関 連	選択的注意（→152ページ）

注意と日常生活

人の視野の中ではっきりと物が見える中心視野は網膜の中心から2度程度の範囲である。中心視野を取り囲む「ある程度明瞭に見える」範囲は周辺視野と呼ばれ、状況によっても広さが変化することが知られている。

たとえば、自動車走行中に自分の周囲に存在・出現するものに、人がどの程度見落とさずに早く気がつくことができるかを調べるため、複数の条件下で行われた実験がある（三浦・篠原、2001）。その結果、人の周辺視野は「道の混雑度」が上がるほど狭くなり、混雑した道であるほど突如現れるものに気がつきにくいということが示された。

では、はっきりと物が見える中心視野であればこうした見落としが生じないかというと、そうとも言えない。注意の瞬きとして知られる現象を次に紹介しよう。

注意も「瞬き」をする?

1987年、注意の瞬きとして知られる現象が最初に報告された（Broadbent and Broadbent, 1987）。その後多くの研究者が、この現象のメカニズムについて解明するべく実験を行ってきた。

実験では一般的に、パーソナルコンピュータを用いて画面上に複数の画像を短時間の間に次々と切り替えて提示する。図1はこの手法を簡潔に示したものだが、各画像を0.1秒ずつ提示している様子を示している。

実験参加者は事前に、たとえば「これから1文字ずつ、アルファベットをいくつかお見せしますが、その中に数字が2つ混じっています」のように実験者から伝えられ、あとでそれらが何の数字であったか報告することを求められる。高速で切り替わる一連の画像群の中からターゲット（数字）を見つけ出せれば課題クリアである。

しかし、**ターゲットが0.5秒以内に2つとも提示された場合、2つ目のターゲットは見落とされてしまいがちである**ことが知られている。しっかりと目を開けて中心視野でとらえているにもかかわらず生じるこの不思議

図1　注意の瞬きの実験において、画像が高速で切り替わる様子

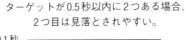

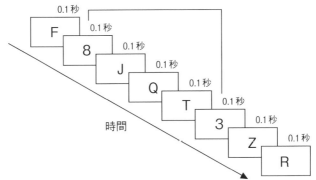

な現象は、**まるで目ではなく注意が瞬きをしていて、決定的瞬間を見逃してしまったかのようだ。**この現象を指して注意の瞬きと呼ぶ。

　たとえば車や自転車を運転している際、道が混雑していたり近くに歩行者がいたりすると、ほぼ同時に注意を払わなければならない「ターゲット」が多く提示された状態となる。目まぐるしく状況が変わっていくこのような状態では、たとえば、うまく右折をすることに注意を払いすぎて歩行者が見えていなかった、ということにもなりかねない。

　よそ見をせずにしっかりと中心視野でとらえていたとしても、「見逃し」が生じ得るということは念頭に置いておくべきである。

注意資源は無限ではない

　注意の瞬きが生じるメカニズムについては多くの仮説がある。

　その大半は、**最初に提示された情報を処理するために「注意資源」と呼ばれるものの多くが使われてしまい、後続の情報の処理に必要な資源が足りなくなるという立場**（資源剝奪モデル）に立つ（まとめとして、森本・八木、

「ながら〇〇」と注意資源の概念図

25%

50%

22%

3%

注意資源

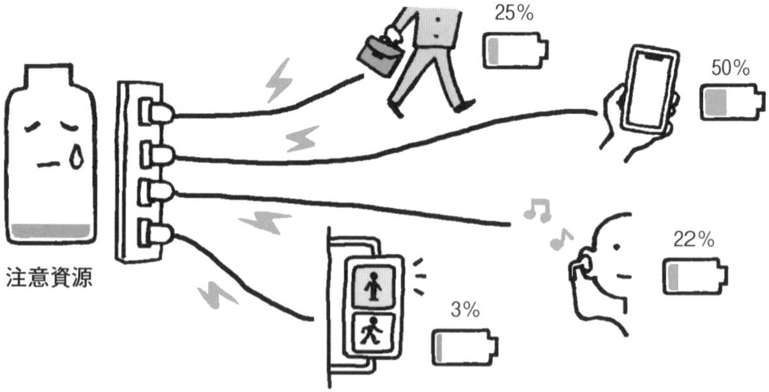

同時に物事を行うことで、注意資源が枯渇し、
一番注意を向けるべき対象をないがしろにすることも。

2010）。注意資源とは処理資源とも呼ばれるが、注意を「意識的な情報処理を行う際に必要な心的エネルギー」として比喩的にとらえようとする用語である。人が一度に使える注意資源には上限があるため、「ながら○○」のように複数のことを同時に集中して行うのは難しく、多くはどちらかがおろそかになってしまう。

　しかし近年では、多くの不要な情報の中から1つ目に何かを見つける過程に原因を求める立場（選択モデル）も多く提案されているという。この議論には決着がついておらず、いまだに研究者の注目を集めているテーマである。

注意の瞬きはどのように低減されうるのか

　私たちみんなが日常を安全に送るためにも、このような現象がいつでも起こり得る可能性についてはよく留意しておかなければならない。

　一方で近年、注意の瞬きがどのような場合に低減されるのかについて解明するための研究も、いくつか行われている。

　私たちが日常において無意図的に実施している情報処理において、注意の瞬きのような現象がどのような場合に生じ、どのような場合にうまく避けられているのか、そのメカニズムが明らかになる日も近いかもしれない。

参考文献

Donald Broadbent and Margaret Broadbent, "From Detection to Identification: Response to Multiple Targets in Rapid Serial Visual Presentation," Perception & Psychophysics: 42, 105−113, 1987.
河原純一郎『注意の瞬き』心理学評論、46(3)、501-526、2003年。
服部雅史／小島治幸／北神慎司『基礎から学ぶ認知心理学：人間の認識の不思議』有斐閣(有斐閣ストゥディア)、2015年。
三浦利章／篠原一光『注意の心理学から見たカーナビゲーションの問題点』国際交通安全学会誌、26(4)、pp.259-267、2001年。
森本文人／八木昭宏『注意の瞬き現象のメカニズム』関西学院大学「人文論究」、60(2)、pp.25-38、2010年。

19世紀末に実在した、計算問題を解いて
見せた賢馬ハンスが教えてくれること。

賢馬ハンス効果

Clever Hans Effect

意　味	人や動物が何らかのテストや検査を受ける際、検査者の挙動から「望ましい」答えを察知して回答すること。
関　連	確証バイアス（→164ページ）

賢い馬ハンスとその顛末

　19世紀末頃、ドイツである馬が天才として一躍有名になった。ハンスと呼ばれるその馬は、飼い主が出す問題に対して「蹄で地面をたたく」という行動の回数で解答を示すというのだ。ハンスは次々と、計算問題や音楽の和音に関する問題を解いて見せ、それを見守る聴衆を沸かせた。

　こうしたハンスの行動については一度調査が行われ、いかさまの可能性はないという報告が出されている。すなわち、**ハンスは飼い主が話す出題内容を理解し、さらにこうした問題を解けるほどの高い知能を持っているという「お墨付き」が得られた**のである。

　しかしながらその後、調査は再び行われる。すぐれた手法により行われた一連の実験の中では、ハンスを取り巻く聴衆や出題者でさえ「問題そのものを知らない」状態にするための工夫が凝らされていた（Pfungst, 1907）。たとえば計算問題においては、複数人がそれぞれ任意の数字をハ

ハンスが計算を披露して
いる様子。

ンスにだけ聞こえるようにささやき、それらを足し合わせるように命じる
といった手続きが取られた。すると、**元は9割ほどあった計算問題の正答
率が1割程度に落ちてしまった。**

目に見えるもの、その裏側

では、なぜハンスは「問題の内容を知っている人が周りにいる」状況に
おいてのみ、その答えに正確に解答することができたのだろうか？

実は、**ハンスが問題に答えている際、打つ蹄の回数が正解に近づくにつ
れて、周りにいる人間の表情や顔の向き等がほんの少し変化していたので
あった。**そうした変化に対して本人たちですら無自覚であり、また周りの
人間もそれに気がつけないほど微妙なものであった。

ところが、そうした変化に気がついていたハンスは、正解して大好物の
おやつをもらうため、それらを手掛かりとして使っていたのであった。

ハンスの「賢さ」の裏には、飼い主による故意のいかさまこそなかった
ものの、こうしたからくりがあったのである。

「思い込み」が相手に及ぼす影響

ハンスの例のように、ある人の挙動が別のだれかの行動に影響を与え、

結果を歪めてしまうような現象をより広くとらえて実験者効果と呼ぶ。ハンスの場合は、人の表情などから「適切と思われる回答」をする、というものであった。

実験者効果の例としてもう1つ有名なのがピグマリオン効果（教師期待効果）である。これは、ある小学校で行われた実験に基づいている（Rosenthal and Jacobson, 1968）。

実験では、学期の最初に児童を対象に学習能力予測テストと銘打ったテスト（実際は普通の知能テスト）を実施し、クラスの担任にはそのテスト成績の分析結果として、「今後成績が伸びる子供たち」のリストを示した。これらの子供たちは、**実はテスト成績とは関係がなくランダムに選びだされていたが、それにもかかわらず、実際に他の子供たちと比べてその後成績が伸びていった。**

これは、すべての子供を平等に扱うべき教師が、「今後成績が伸びる」と期待をかけた子供に対して無意識的な助力や特別なあたたかい働きかけを行い、その結果、**たとえその期待が根拠のない情報に基づいたもので**

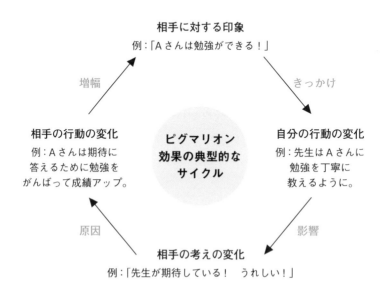

相手に対する印象
例：「Aさんは勉強ができる！」

増幅

きっかけ

相手の行動の変化
例：Aさんは期待に
答えるために勉強を
がんばって成績アップ。

ピグマリオン
効果の典型的な
サイクル

自分の行動の変化
例：先生はAさんに
勉強を丁寧に
教えるように。

原因

影響

相手の考えの変化
例：「先生が期待している！　うれしい！」

あっても、実際に学力が伸びたという説明がされている。

　これは教師のジェンダー観や偏見を反映しうる。たとえば、理科教師の授業中の態度に、相手の子供の性による相違が見られ、女子よりも男子とのやりとりが多く見られるといった報告もある（まとめとして、赤井、1997）。

賢馬ハンスの教訓

　ここまで見てきたように、人は（あるいは馬も）、相手の行動から期待を汲み取り、それに沿うように自分の行動を変えてしまうことがある。

　映画「マイ・フェア・レディ」に登場するヒギンズ教授は、オードリー・ヘップバーン扮する下町生まれの花売り娘を上品に話すレディに変えてしまおうと働きかけたが、同じように他者を自分の思いどおりに変えたいと願う人もいるかもしれない。

　たとえば、あなたが部活の後輩や会社の部下たちを指導する立場にあったとしよう。何らかのきっかけにより、根拠はどうあれ「優秀だ」と印象を持つようになった後輩に対しては、他の後輩よりも時間をかけて丁寧に指導し、その結果としてその後輩はますます成績を伸ばしていくかもしれない。

　しかしそれが逆に、比較的ぞんざいに指導される「その他大勢」を生み出すことを意味してしまうとしたら、そうした偏りはあなたの評判を貶めたり、ゆくゆくは集団内の不和を引き起こしたりするだろう。

参考文献

　Oskar Pfungst, Das Pferd der Herrn von Osten (Der Kluge Hans): Ein Beitrag Zur Experimentellen Tier-Und Menschen Psychologie, Barth, 1907.［オスカル・プフングスト（秦和子訳）『ウマはなぜ「計算」できたのか』現代人文社、2007年。］

　Robert Rosenthal and Lenore Jacobson, "Pygmalion in the Classroom," The Urban Review: 3, pp.16-20, 1968.

　高橋昌一郎『反オカルト論』光文社（光文社新書）、2016年。

「4枚カード問題」から考える、私たちが
偏った考えに陥ってしまう仕組み。

確 証 バイアス
Confirmation Bias

意　味	自分の考えや仮説に沿うような情報のみ集め、仮説に反するような情報は無視する傾向のこと。
関　連	賢馬ハンス効果（→160ページ）

4枚カード問題にチャレンジ

　図1の問題は、人の理論的推論の特徴を明らかにするためにつくられたものの1つである（Wason, 1966）。

　この問題を使った実験はこれまで多く行われているが、**大学生を対象とした研究でも正答率が1割程度に留まる**こと、「表が母音のカードのみ」あるいは「母音のカードおよび偶数のカード」を選んだ回答者が大多数になることが示されている。「A」と「4」を選択した人が多かったのではないかと思うが、これは残念ながら不正解であり、「A」と「7」を裏返すのが正解である。

　なぜならば、「一方の面が母音ならば、もう一方の面は偶数である」という仮説が棄却されるのは「一方の面が母音で、かつ、もう一方の面が奇数」というカードが存在する場合のみである。

　言い換えれば、偶数のカードの裏面がどんなカードであろうと、仮説と

図1　4枚カード問題

ここで使われているカードはすべて、片面にはアルファベットが、もう片面には数字が書かれている。これらのカードを数枚裏返して、「一方の面が母音ならば、もう一方の面は偶数である」という仮説が正しいかどうか確かめたい。裏返す必要のある、最小限のカードのみ選択して答えよ。

は反しない（仮説は、偶数のカードの裏側を母音に限定してはいない）。つまり、4を裏返す必要はない。我々が確認すべきなのは、「一方の面が母音」のカードの裏側（奇数であれば仮説が棄却）、および「一方の面が奇数」のカードの裏側（母音であれば仮説が棄却）である。 したがって、Aと7を裏返す必要がある。

　この問題が解けなかったからと言って落ち込む必要はない。先述のとおり、この問題は多くの人が解くことはできないことで有名だからだ。

　それでは、この4枚カード問題の「難しさ」を手掛かりに、人間の思考の特徴についてより深く見ていこう。

難しさの要因①　確証バイアス

　SNSではよく、根拠のない情報が飛び交っている。たとえば「○月○日に大地震が起きる」のような非科学的な予想であっても、誰かが一旦それを信じてしまうと、それに合致するかのように思える情報（どこそこで

見られた雲の形がどうだとか、近所の犬が最近よく吠えているだとか）ばかりよく調べて読むようになり、ますますデマを信じ込んでしまう。

このように、**自分の考えや仮説が「正しいこと」を確認するために、仮説に合致するような情報のみを集めてしまいがちである。裏返せば、仮説に反する情報を集めようとしない、あるいは無視してしまう。**このような傾向は確証バイアスと呼ばれる。

4枚カード問題でも、同じようなバイアスが働いていたと考えられる。

つまり、「一方の面が母音ならば、もう一方の面は偶数である」というルールにおいて、偶数のカードである「4」の裏面は母音だろうと子音だろうと問題ない。それでも人は「4」のカードを選んでしまうのだ。

難しさの要因②　主題内容効果

一方で、確証バイアスだけがこの問題の難しさの要因ではないことも示されている。

図2の「郵便局員の問題」にも挑戦してみてほしい（安西、1985を一部改変）。

この郵便局員の問題は4枚カード問題と同じ構造だが、チェックする必要があるのは④と⑧であることは、比較的理解しやすいのではないだろうか。「手紙に封がしてあるならば、60円切手が貼られている」という仮説は、「封がしてあり、かつ、60円切手が貼られていない手紙」が存在していれば棄却される。つまり封が開いている手紙と60円切手が貼られている手紙は、この検査の対象から除外される。

まったく同じ問題であるにもかかわらず、4枚カード問題のほうが難しく感じられ、正答率も低い。このように、問題の構造は変わらなくても、解答者にとってより具体的で現実的な内容に置き換えて出題すると正答率が大きく変化することを指して主題内容効果と呼ぶ。4枚カード問題は、人が日常的に体験する状況ではないために、より難解に感じてしまったというわけだ。

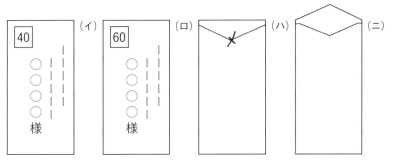

図2　郵便局員の問題

あなたは郵便局員である。郵便局にはたくさんの手紙が集まってくるが、手紙に封がしてあるならば、60円切手が貼られていなければならない。今あなたの目の前に封筒が4つ回ってきたとしたら、少なくともどの封筒を裏返してみればよいだろうか。

参考：安西祐一郎『問題解決の心理学：人間の時代への発想』中央公論社（中公新書）、1985年。

確証バイアスから脱却するためには

確証バイアスは日常のさまざまな場面で起きていると考えられる。

たとえば誰かに対して一度「この人は冷たい人だ」という印象を抱いてしまうと、それに沿うような情報（文化祭の準備を手伝ってくれない、メールに返事をくれない）だけを探し出してしまい、その仮説を覆すような情報（勉強を丁寧に教えてくれる、いつでも優しく相談に乗ってくれる）は無視されてしまう。

このように、常に自分の考えだけに固執しないためにも、時には違う「カード」をめくってみることも意識しておきたい。

参考文献

Peter Wason, "Reasoning," edited by Brain Foss, New Horizons in Psychology: 1, Penguin Books, 1966.
内村直之／植田一博／今井むつみ／川合伸幸／嶋田総太郎／橋田浩一『はじめての認知科学』新曜社、2016年。
高橋昌一郎『知性の限界』講談社（講談社現代新書）、2010年。

論理学的アプローチ

認知科学的アプローチ

社会心理学的アプローチ

意　味	偶然起きた2つの別々の出来事を、因果関係があるかのようにとらえてしまうこと。
関　連	ギャンブラーの誤謬（→42ページ）　擬似相関（→172ページ）

見 せ か け の 因 果 関 係

　流れ星に願い事をして一度でも叶（かな）ったことのある人ならば、それ以降、流れ星を見かけるたびに願をかけるようになったかもしれない。

　流れ星以外にも、私たちは**さまざまな出来事の間の、場合によっては見せかけの、因果関係を日々認識している**。たとえば、赤い靴下を履いて部活に行ったら素晴らしいプレイができた、暑い日にはいつもスマホの電池の減りが早い気がする、パソコンの待ち受けを○○にしていたら受験に成功した、等である。

　こうした迷信行動は、人に限った話ではない。ある実験を紹介しよう。

　実験では毎日数分間、空腹な状態のハトが実験用ケージへ入れられた（Skinner, 1948）。ケージに取り付けられた給餌器（きゅうじき）は、一定の時間間隔で少量のエサを出すよう設定されていた。不思議なことに、しばらくするとそれぞれのハトは独特な振る舞いを見せるようになった。あるハトはケージ

の中で反時計回りに回るような動きを見せ、別のハトはケージ上部の角に
頭突きを繰り返した。2羽のハトは、頭と体を振り子のように左右に振る
動きをするようになった。何かを持ち上げるような動きを繰り返すハトも
いた。

迷信行動のメカニズム

　重要なのは、これらのハトのさまざまな奇妙な動きは、一定間隔の給餌
が開始される前は見られなかったという点である。

　おそらく、最初に実験ケージの中に入れられたハトは、あちこちつつい
たり、落ち着かなげに体をゆすったり、さまざまな行動をとっていた。そ
んな中、そのハトがたまたま体を反時計回りに回していたら、そのタイミ
ングで少量のエサが出たとする。そのハトは、エサを食べた後はまた元の
ようにいろいろな行動をとるが、「体を反時計回りに回す」という行動は
先ほどよりも多く出現する。そうすると、「たまたま体を反時計回りに回
しているときにエサが出てくる」可能性はさらに高まっていく。

　このような手続きを繰り返した結果、空腹のハトはケージの中で独特の
行動を確立していったのである。

　このように、動物でも人でも、何らかの行動に対してごほうびが与えら
れると、それ以降その行動がよく観察されるようになる。こうした行動変
化のメカニズムによって、冒頭であげたような人の迷信行動が形成される
のである。

迷信行動はよく起きる

　このような迷信行動は、ある程度は誰でも行っている。

　たとえば筆者が仕事に使っているワイヤレスマウスは、PC起動後の数
秒間は反応しないのだが、数回クリックを繰り返すと使えるようになる。
実際にマウスをクリックすることが重要ではなく単に時間経過の問題のよ
うな気もするのだが、少なくともクリックしていればきちんとつながるの

迷信行動は、結果に対する原因とはならない

原因 ✕ 結果

で、毎日のように同じ「儀式」を繰り返している。

しかし、**とりわけ迷信行動を起こしやすい集団がいるという。それは運動選手、ギャンブラー、そして試験を受ける学生**である（Vyse, 1997）。

言われてみればアスリートやギャンブラーはゲン担ぎをよくするし、受験など重要な試験に直面している学生が自分なりのジンクスに頼るというのもよく見られる行動である。

「迷信」への向き合い方

このように、一度つくられた行動パターンを打ち消すための方法の1つとして、消去が挙げられる。冒頭の流れ星の例であれば、星に願いをかけたのに叶わないという経験を繰り返すことで、「星に願いをかける」→「願いが叶う」という結びつきをキャンセルするのである。

ただし、迷信行動においてはこれがなかなか難しい。流れ星のように珍しい出来事を対象としている場合、そもそも消去の手続きを行うチャンスがなかなか来ない。

　また、たとえうまく消去手続きを繰り返すことができたとしても、「自分の願いのかけ方が悪かったのだ」など、「願掛けがうまくいかなかった説明」を考え出してしまうこともあるだろう。

　こうした迷信行動によって安心感を得たり、物事に対して前向きになれたりするのであれば、消去ができなくても特に問題はないだろう。スポーツ選手がよく行うルーティンなどはこれにあたるかもしれない。

　しかしながら、こうした根拠のない因果関係にすがり、本来すべき努力を放棄してしまう、あるいは冷静な判断ができない状態に陥ってしまう可能性もゼロではない。

　たとえば、2つのAとBという別々の事柄の間に（見せかけの）因果関係を見いだしてしまうと、今度は「Aを行えば必ずBという結果になるのだ」というように、まるで自分が結果をコントロールできるように勘違いしてしまうことがある。

　本来は自分に制御できないはずの事柄に対して、「自分の行動が結果に影響を与えている」と考えてしまうことをコントロール幻想と呼ぶ。

　たとえばスマホゲームのガチャで当てるためにわざわざ何か特別なことをする、という方は、必要以上にのめり込まないように注意すべきだろう。「今、ツキ（運）が来ている」のような実体のない言葉をよく使う方も要注意である。

　ランダムな事柄は過去の事象から影響を受けないのだ。

参考文献

Burrhus Skinner, "'Superstition' in the Pigeon," Journal of Experimental Psychology: 38(2), 168-1721, 1948.

Stuart Vyse, Believing in Magic: The Psychology of Superstition, Oxford University Press, 1997.［スチュアート・A.ヴァイス（藤井留美訳）『人はなぜ迷信を信じるのか：思いこみの心理学』朝日新聞社、1999年。］

安西祐一郎『問題解決の心理学：人間の時代への発想』中央公論社（中公新書）、1985年。

篠原彰一『学習心理学への招待：学習・記憶のしくみを探る』サイエンス社、1998年。

高橋昌一郎『反オカルト論』光文社（光文社新書）、2016年。

なぜ、アイスクリームの売上が上がると、
プールでの溺水事故件数も増えるのか?

擬 似 相 関

S p u r i o u s   C o r r e l a t i o n

意　味	直接的な関連がない2つの事象を、それぞれと関連する第3の要因の存在に気づかずに、因果関係があるように見てしまうこと。

関　連	ギャンブラーの誤謬（→42ページ）　　迷信行動（→168ページ）

アイスクリームと溺水事故

「アイスクリームの売上が上がると、プールでの溺水事故件数も増える」
というデータがあったとしよう。これをどのように解釈すべきだろうか?

　アイスクリームを食べると水に溺れやすくなる?　それとも、溺れて救
助された人はその後アイスクリームが食べたくなる?

　これは、2つの事象（①アイスクリームの売上増加、②プールでの溺水事故件
数増加）の間に因果関係があるように解釈した例である。しかし①と②が
同時に起きているからといって、必ずしも因果関係があるわけではない。

潜伏変数を見つけ出そう

　上記の例は、目に見えている2つの事象以外に目を向けなければならな
い。①と②それぞれに影響を与えている、隠された要因として「気温」が
挙げられる。気温が高くなると、アイスクリームがよく売れる。気温が高

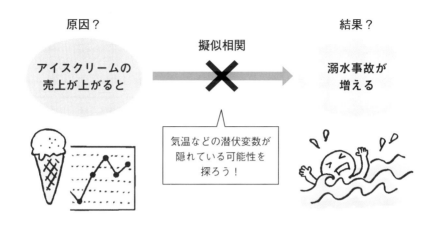

くなると、プールに出かける人が増える（その結果として溺水事故件数も普段より増加する）。

　気がついてしまえば単純な話だが、アイスクリームの売上と溺水事故件数だけに目を奪われていると、**2つの間に直接の関係性（相関）があるように見えてしまう。**これを指して、擬似相関と呼ぶ。

　したがって、2つの事象間の関連について考えるときは、常に「気温」のような**3つ目の変数が存在していないかに留意しなければならない。**このような変数を、潜伏変数（あるいは第3の変数、交絡変数）と呼ぶ。

潜伏変数に気がつかないと…

　このアイスクリームの例であれば、「アイスクリームは販売を中止しなければ危険だ！」などという意見を出すことは少ないだろう。

　しかし中には、潜伏変数を見落としてしまい、誤った解釈を導き出してしまうこともある。

　以下に、実際には関連がないのにもかかわらず、因果関係があるかのよ

うに見える事象をいくつか例として挙げる。それぞれの例における潜伏変数はいったい何だろうか。

① 割引は購買意欲の向上につながるか。新しい機能が世界から注目されているある家電の発売を記念して、ある店で全品10%割引キャンペーンを実施した。するとその家電以外にもさまざまな商品が普段以上に売れ、割引した以上にお店が儲かった。

② 牛乳を飲むとがんになるか。牛乳をよく消費しているアメリカの諸州やスイスなどの国は、牛乳の消費が少ない地域や国と比べ、がん患者が何倍も多い。

③ シラミは健康にいいか。南太平洋のある島における観察によれば、健康な者には普通シラミがいるが、病人にはめったにいない。

上記②、③は実際の例として本に載っているものである（Huff, 1954）。②などは、こうした誤った解釈がある医学関係の記事に載ってしまったという。

それぞれに隠されている潜伏変数は次のとおりだ。

①の潜伏変数：「時期」。企業が力を入れている家電などは、よく売れる時期（たとえばクリスマス前など）を狙って発売されることがある。全体的に購買意欲が高まっている時期だった、というだけかもしれない。

②の潜伏変数：「寿命の長さ」。ここで挙げられているアメリカやスイスは平均寿命が長い。がんは中年以降にかかりやすい病気である。

③の潜伏変数：「体温」。その島ではほとんどの島民が体にシラミを保持していた。病気にかかり体温が高くなると、居心地の悪く

なったシラミは去っていく。

数字とうまくつきあう

私たちはよく、数字に振り回され、惑わされる。

さまざまなメディア、本、広告の中に、「統計によれば……」という文言が散見されるが、私たちはそれがどのようなデータに基づいていて、どのように解釈されたものかに注意を払う必要がある。ここで見てきたとおり、同一のデータからまったく異なる解釈を導き出すことも可能なのだから。

潜伏変数に気づけば、仕事にも生かせる!?

もし、漬物の売上が伸びた日に、
タオルの売上も伸びることに
気づいたら……。

**漬物の売上が
伸びる** ⟷ **タオルの売上が
伸びる**

潜伏変数「気温」

天気予報のデータから、気温が高くなると予想される日に在庫を確保したり、目立つ場所に置くことで、さらに売上をアップさせられる。

参考文献

Darrell Huff, How to Lie With Statistics, illustrated by Irving Geis, W. W. Norton & Company, 1954.[ダレル・ハフ(高木秀玄訳)『統計でウソをつく法:数式を使わない統計学入門』講談社(ブルーバックス)、1968年。]

Leonard Mlodinow, The Drunkard's Walk: How Randomness Rules Our Lives, Vintage Books, 2008. [レノード・ムロディナウ(田中三彦訳)『たまたま:日常に潜む「偶然」を科学する』ダイヤモンド社、2009年。]

安西祐一郎『問題解決の心理学:人間の時代への発想』中央公論社(中公新書)、1985年。

第 **Ⅲ** 部

認知バイアスへの
社会心理学的アプローチ

やせると固く誓っても食べてしまうのは、
ただ単に意志が弱いだけなのか?
悪いとわかっていても、
ルールや約束を破ってしまうのは、
反社会的なパーソナリティを持っているからなのか?
いじめや差別、戦争が
いつまでもなくならないのはなぜか?
第Ⅲ部では、
人間特有の不合理な行動と
それが積み重なって営まれる社会を、
科学的な見地から解説していく。

いつも見かけるあの人が、気になって仕方
ない理由。

単純接触効果

Mere Exposure Effect

意　味	特別な反応をもたらさないような物事（刺激）に繰り返し接触すると、徐々にその刺激に対し好意的な感情を持つようになる現象。

関　連	サブリミナル効果（→112ページ）　吊り橋効果（→116ページ）

テーマソング効果

幼い頃を思い出してもらいたい。

小学校から帰ってきて、夕食までのひと時にテレビアニメを見て過ごした経験は、多くの人に共通するのではないかと推測する。その番組の放送期間に主題歌が変わるというのはよくあることだが、初めて変更後の曲を聴いた際に「前の曲のほうが好きだったのに」と感じることはなかっただろうか。

しかし、放送が回を重ねるうちに新しい主題歌も好きになっていく。これは単純接触効果によるものである。

会えば会うほど好きになる？

単純接触効果とは、**初めて接したときは好きとも嫌いとも思わなかったような刺激に繰り返し触れることで、好意が少しずつ増していく現象のこ**

とを言う（Zajonc, 1968）。これは音楽だけでなく、文字や物、人などさまざまな刺激に対して生じると言われている。

　ではなぜ、繰り返し接するだけで人は好意を持つようになるのだろうか。

　この理由は誤帰属という現象によって説明できる。誤帰属とは、**出来事の原因を本来のものではない別のもののせいであると誤認すること**である。

　人が新しいものに接する際には、それに対する今まで知らなかった情報をあれこれ取り込むため、認知的に大きな負荷がかかる。

　たとえば、とある人に初めて会ったときには、名前や外見的な特徴・職業・役職・住んでいる地域など実に多くのことを一度に覚えなければならない。しかし、2回目に会ったときには顔と名前は覚えていたとなれば、その分覚えなければならない事柄が減る。3回目に会ったときには職業も役職も覚えていたとなると、さらに負担が減るのである。

　このように、**相手のことをより楽に知覚することができるという認知的な処理の心地よさを、その相手に対する好意と勘違いしてしまうというのが誤帰属であり、単純接触効果が生じる原因の1つ**と考えられている。

単純接触効果の生じる範囲

　人に好意を感じさせること（対人魅力）における単純接触効果について検討した実験がある（Moreland and Beach, 1992）。

　事前に身体的な魅力が同じくらいであると評価された女性4名に協力を依頼し、とある講義に受講生として出席してもらった。その際、女性4名のそれぞれの出席回数を1回から15回までの間で変えておく。学期の終わりに4人の写真を講義に出席している学生たち（男性24名、女性20名、計44名）に見せて、それぞれの魅力について評価させたところ、出席回数の多い女性ほど魅力的とされた。

　この実験により、単純接触効果は、話したことがあるような知り合いだ

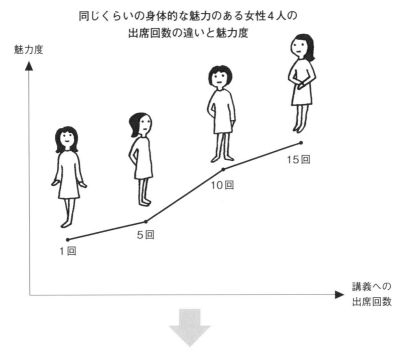

会えば会うほど魅力は上がる!?

同じくらいの身体的な魅力のある女性4人の
出席回数の違いと魅力度

魅力度

15回

10回

5回

1回

講義への
出席回数

接触回数が多い女性ほど魅力度が上がる。

けでなく、**言葉を交わすなどの直接的な関わりがない人が相手でも生じる**ことが明らかとなった。

　これは音楽や文字などの刺激に対しても同様で、人が積極的に接したものだけでなく、意識せずに接していたものにも生じるのである。

┃単純接触効果を実生活で活用

　単純接触効果が生活の中で利用されることが多いのは、セールスの場面である。用件があるわけではなくても客先に顔を出す、ポストに名刺を入

れておくといったセールスパーソンの行動は、まさにこの効果によって自分に対する客からの好意を高めることを目的としているのである。

コンビニや量販店が自社のテーマソングを繰り返し流すのも、選挙の際に候補者の名前を連呼するのも、単純接触効果による好意のアップを狙っているのだ。

以上のことから単純に考えれば、自分に好意を持ってもらいたいときは相手に頻繁に接触するのが正解となる。

ただし、この方法には1つ注意点がある。冒頭に、単純接触効果は「好きとも嫌いとも思わなかったような刺激に繰り返し触れることで生じる」と書いた。

最初の印象が良いときは、なんとも思っていない相手よりも緩やかではあるが単純接触効果が生じること、また、**第一印象が悪いときは、接触する回数や頻度を増やすことは好意を高めるためには逆効果である**ことが明らかにされている（Perlman and Oskamp, 1971）。

つまり、誰かと頻繁に接触することで相手の好意を高めたいときには、前提としてその人に嫌われてはいないことが重要なのである。

参考文献

Robert Zajonc, "Attitudinal Effects of Mere Exposure," Journal of Personality and Social Psychology: 9, 1-27, 1968.

Richard Moreland and Scott Beach, "Exposure Effects in the Classroom: The Development of Affinity among Students," Journal of Experimental Social Psychology: 28, 255-276, 1992.

Daniel Perlman and Stuart Oskamp, "The Effects of Picture Content and Exposure Frequency on Evaluations of Negroes and Whites," Journal of Experimental Social Psychology: 7, 503-514, 1971.

二宮克美／子安増生（編）『キーワードコレクション:社会心理学』新曜社、2011年。

高橋昌一郎『愛の論理学』KADOKAWA（角川新書）、2018年。

<table>
<tr><td>社会心理学系
バイアス

02</td><td>あの人のすべてが素敵に見える原因は、
好意か、バイアスか？

感情移入ギャップ
Empathy Gap</td></tr>
</table>

意 味	対象に対して、怒りや好意など何らかの感情を持っていると、その感情を持たない視点から考えることが難しくなってしまうこと。
関 連	

恋は盲目？

　一度相手に好意を持ってしまうと、その人のすべてが魅力的に見えてしまう、という経験はないだろうか？　カッコイイと思っている男性が、実はダンスが苦手だったとして、ほかのメンバーからワンテンポ遅れてしまうことすら彼ならば魅力の1つに思えてしまうとか。

　この例は実際にあった話である。何年か前に、テレビドラマのエンディングで出演者たちが同じ振り付けを揃って踊る映像が放送され、ある俳優だけワンテンポ遅れているのでは？　と話題になった。その際に、意外性があってかわいいと俳優への好感度が上がったとしてメディアで取り上げられたのだ。

　女性よりも男性のほうが相手の外見を重視する（越智, 2015）という研究結果があることから、男性のほうがこのような事態が起きやすいのかもしれない。ただの友達のときには何も思わなかったのに、好きだと気づい

てからはどんなことでも素敵に見えてしまう、という出来事は珍しくない。それは「恋は盲目」という言葉が存在することからも説明できる。

つまり、**人はとある感情を持つと、その感情を持たない立場から物事を考えることが難しくなってしまう**のである。これを感情移入ギャップと言う。

ダイエットがなかなか成功しない理由

感情移入ギャップはCold-Hot Empathy Gapという名称で提唱された（Sayette, et al., 2008）。Coldというのはその状況に対して対象となる人が巻き込まれていない冷静な状態を、Hotというのは逆に巻き込まれていて興奮している状態であることを意味する。**Coldである人はHotの状態を、またHotである人はColdの状態を想像することが難しい**ことから、このように名付けられた。

たとえば、お腹がすいていないとき（Coldの状態）にダイエットを決意したとしよう。今日から絶対に間食はしない！　と誓ってみたところで、お腹がすいているとき（Hotの状態）に手の届く距離にあるチョコレート

ColdとHotの違いとは？

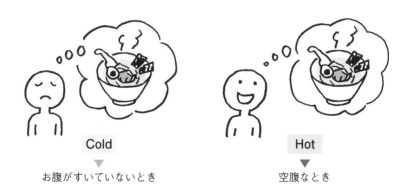

Cold
▼
お腹がすいていないとき

Hot
▼
空腹なとき

ColdのときはHotなときの感情を、
HotのときはColdなときの感情をイメージしづらくなっている。

が、自分の目にどれだけ魅力的に映るかということを、Coldなときに予想することは難しいのである（そして大抵我慢できずに食べてしまい、ダイエットは明日から……となる）。

このような現象は、自分に対してだけでなく、他者に対しても同じように生じる。人は、自分と逆の状態の人の感情やニーズを想像することは難しく、共感を示さない傾向にあることが明らかになっている（Wilson and Gilbert, 2003）。

共感は経験に左右される

経験が共感に影響を及ぼすかどうかについて、複数の実験が行われた（Nordgren, et al., 2011）。

最初の実験では、実験参加者を3つのグループに分け、1つめのグループでは仲間はずれにされているような疎外感を、2つめのグループでは平等に扱われているという感覚を生じさせた。何の操作も行わなかった3つめのグループの結果を基準として、監禁事件の被害者に対する共感の強さを比較した。

その結果、疎外されたことで苦痛を味わったグループの実験参加者は、他の2グループよりも強く監禁をやめるべきだと回答した。これは、自分も疎外されたことで社会的な孤立に対してHotな状態となり、それによって監禁の被害者に対して共感が起きやすくなったのだと考えられている。

次に、経験をした直後ではなく、経験したのが過去だったとしたら、同じような境遇の人に対して共感は発生するのかについても検討が行われた。実験参加者は、「A：氷水に手を浸す」「B：常温の水に手を浸す」「C：氷水に手を浸すが、その後10分間別の課題をする」という3グループに分けられた。その後、実験参加者にはシベリア抑留者の話を読ませ、どの程度抑留者たちに共感するかを測定した。

すると、氷水に手を浸けたままだったグループのみが高い共感を示したのである。このCのグループが共感を示さなかったという結果から、**過去**

現在経験していることや感情に近いものほど、人は共感しやすい。

に似たような経験をしたことは、相手に共感を示すための理由にならない

ことがわかった。つらい経験は「喉元過ぎれば熱さを忘れる」のである。

　たとえば、出産で自身も大変な思いをしたことがあるだろう女性が、必ずしも現在妊娠している人の大変さを察して思いやれるわけではないというのは、根底にこのような現象があることも一因であると考えられる。

　立場の違う人に共感できない、という状況は日常生活で頻繁に生じる。親と子、夫と妻、患者と医者、いじめの被害者と教師など、立場や状況が違う場合には、自分が相手と同じところにいないと理解することは難しい。両者にすれ違いが生じるのはこのためである。そのため、相手の立場に立って考える訓練として、ロールプレイを行うことはギャップを解決する第一歩といえよう。

参 考 文 献

Loran Nordgren, Mary-Hunter McDonnell and George Loewenstein. "What Constitutes Torture? Psychological Impediments to an Objective Evaluation of Enhanced Interrogation Tactics," Psychological Science: 22, 689-694, 2011.

Michael Sayette, George Loewenstein, Kasey Griffin and Jessica Black, "Exploring the Cold-to-Hot Empathy Gap in Smokers," Association for Psychological Science, 19, 926-932, 2008.

Timothy Wilson and Daniel Gilbert, "Affective Forecasting,"Advances in Experimental Social Psychology: 35, 345-411, Academic Press, 2003.

安西祐一郎／今井むつみ他（編）『岩波講座コミュニケーションの認知科学2・共感』岩波書店、2014年。

越智啓太『恋愛の科学』実務教育出版、2015年。

あなたに見えているのは、本人の輝きでは
なく「親の七光り」なのかもしれない。

03

ハロー効果

Halo Effect

意　味	どこか優れている点（劣っている点）を見つけると、その他においても優れている（劣っている）と考えがちになる現象。

関　連	確証バイアス（→164ページ）　バーナム効果（→190ページ）ステレオタイプ（→194ページ）

美しい人は中身も素晴らしい？

　街を歩いていると、美しい女性とすれ違った。清潔感のある服を身に着けていて、もう1人の女性と穏やかな雰囲気で会話をしている。

　あなたはその女性と面識がないのだけれど、どんな人か想像してほしいと言われたら、何を思い浮かべるだろうか。

　優しそう？　仕事ができそう？　そんな何か「良い」ことを考えなかっただろうか。逆に、キツそうだとか性格が悪そうだとか、何らかの「悪いこと」を思い浮かべた人は少なかったに違いない。

　私たち人間は、世の中のすべてを正しく把握しているわけではない。そこで、わからない部分については多くの推測をする。推測とは「ある事柄について、情報や知識を元にして推量すること」である。つまりあなたは、先ほどの女性について、外見から得た目立つ情報を使って中身を「推測」したのである。

図1　外見的魅力が論文の評価に与える影響

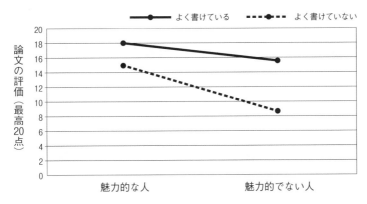

『美人の正体』(越智啓太、実務教育出版、2013) に掲載のグラフを参考に編集部で作成。

　その際、私たちはとかく「最初に持っていた情報」を支持する方向に物事を考えがちである。先ほどの例で言えば、「美しい」「清潔感がある」「穏やかな雰囲気」という情報を元に良い方向に想像を巡らせたのである。

　つまり、最初に良い情報を相手に与えた人は、その他の部分も素晴らしいと推測されやすいといえる。

　外見の良さで他の部分の評価が変わる現象については、**美人が書いた小論文はそうでない人が書いたものよりも高く評価された**という実験結果も存在する（図1）(Landy and Sigall, 1974)。

　何か目立つ特徴があると、他の面での評価もそれにあわせて推測されることをハロー効果と呼ぶ (Thorndike, 1920)。ハローとは「後光」のことである。

親 の 七 光 り が 生 じ る 理 由

　なぜこのようなことが生じるのだろうか。ここで1つ考えてもらいたい。

　あなたが友人から「とてもよく当たる占い師がいるんだって」と言われたとしよう。その際、あなたは「へぇ、どのくらい当たるの？」と尋ねた

りはしないだろうか。

何が言いたいのかというと**「どのくらい外れるの？」と聞く人は非常に少ない**、ということだ。人は「当たるんだって」という話を聞くことで無意識的に「当たる」という出来事を支持するような証拠を探してしまう傾向がある。

これを確証バイアスという。

外見やその特徴からいくつもの「ポジティブな点」を知らされていた冒頭の女性についても確証バイアスが働き、その素晴らしさを裏づけるために、否定的な情報に目が向かなくなったと考えられる。

親が有名であることによってちやほやされる子供を「親の七光り」と揶揄することがあるが、この現象も、親が素晴らしいのであれば子供も素晴らしいはずであるという人間の考え方の偏りによって生じるのである。

初めに悪い印象を持たれてしまったら

前述のように、私たちの考え方は、自分が持っている情報や知識を支持する方向に偏りがちである。したがって、自分が判断をする側であるのならば、あえて反証例を挙げて検討することも必要なのだという意識を持つことで偏りは軽減される。

しかし、判断される側になった際に最初の時点で悪い印象を持たれてしまったとしたら、挽回することは難しいのだろうか。

幸いなことに、その印象をひっくり返す有用な方法がある。「悪そうな人が良いことをすると、良い人が同じことをしたときよりも大きく評価が上がる」という現象を利用するのである。

これはゲインロス効果と呼ばれるものであり（Aronson and Linder, 1965）、**人の感情は変化する量が大きいほど、より強く印象に残る**とされている。

つまり、印象が悪いというマイナスのところから、良いことをしているというプラスのところまで相手の感情が大きく変化することによって、本来得られるはずのものよりも顕著な効果が得られるのである。

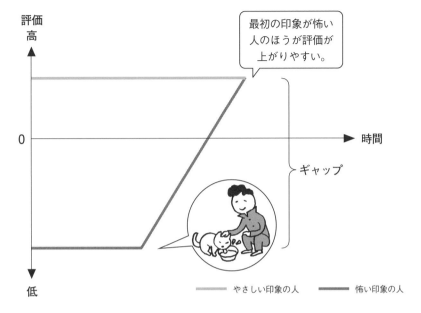

印象を大きく変え、ギャップ萌えを生み出すゲインロス効果

評価
高

最初の印象が怖い
人のほうが評価が
上がりやすい。

0 ————————————————→ 時間

ギャップ

低

―― やさしい印象の人　　―― 怖い印象の人

論理学的アプローチ

認知科学的アプローチ

社会心理学的アプローチ

　よって、相手に悪い印象を持たれていると感じた場合は、意識して良い
行動を増やしていくことによって、自分の印象をネガティブなものからポ
ジティブなものへと効率よく変化させることができるといえよう。

参考文献

Elliot Aronson and Darwyn Linder,"Gain and Loss of Esteem as Determinants of Interpersonal Attractiveness,"Journal of Experimental Social Psychology: 1, 156-171, 1965.

David Landy and Harold Sigall,"Beauty is Talent : Task Evaluation as a Function of the Performer's Physical Attractiveness,"Journal of Personality and Social Psychology, 29, 299-304, 1974.

Phil Rosenzweig, The halo effect, Simon and Schuster, 2007. [フィル・ローゼンツワイグ（桃井緑美子訳）『なぜビジネス書は間違うのか：ハロー効果という妄想』日経BP社、2008年。]

Edward Thorndike, "A Constant Error in Psychological Ratings," Journal of Applied Psychology: 4(1), 25-29, 1920.

その占いの結果、あなた以外の大勢の人に
も当てはまるかも……!?

04 バーナム効果
Barnum Effect

意　味	ほとんどの人にあてはまるような、性格についてのありがちな説明を、自分のことを言い当てているとして受け入れてしまう現象。
関　連	ハロー効果（→186ページ）　　ステレオタイプ（→194ページ）

なぜ占いは当たるのか

　Aさんは、おおらかで世話好きな人だ。

　ある日、彼が自分に関する性格占いを見たところ、「神経質になることもあり、他人のミスによく気づく」と書かれていた。

　これを読んだあなたは、性格占いは「外れている」と思っただろう。しかし、他人事としてではなく我が事として読んだ場合には、この占いを「当たっている」と感じる人が多い。

　そのメカニズムを説明する前に、占星術を用いた性格占いに関する研究を1つ紹介しておきたい。

　心理学者・統計学者であり、占星術の専門家でもあったフランスのゴークランは、新聞に無料で占星術を用いた性格診断をするとの広告を出した

（Eysenck and Nias, 1982）。そして、彼は応募した人全員に、まったく同じ内容の、とある凶悪犯罪者の生年月日に基づいた占星術の性格診断の結果を応募者自身の結果として送付した。その後、診断が当たっていると感じたかどうか回答を求めた。すると、**150名のうち94％もの人が当たっていると感じた**と回答したのだ。

この実験から、人はどのようなものであっても「これがあなたの性格診断の結果です」と言われると、当たっていると感じ、受け入れてしまう傾向があることがわかる。

この実験結果が正しいのであれば、Aさんはどのような記述を見せられたとしても、占いは当たっていると感じる可能性が高いと考えられる。

なぜそのようなことが起こるのだろうか。

その答えは「人はさまざまな性格的側面を持っている」からである。

たとえば、先ほどのAさんのように普段はおおらかな人であるが、趣味に関しては細かいところまで神経質に気を配るというように、状況によって人は見せる顔が変わる。「他人のミスによく気づく」というのはネガティブな意味ではなく、世話好きで人の役に立ちたいという思いが強いからかもしれない。

普段は自分をおおらかだと思っていたとしても「神経質になることもある」と言われたことで、人は自分の中の神経質になる瞬間を探してしまうのだ。どんな場面でも神経質にはならないという人は非常に稀であろう。

そうすると、ほとんどの人の中に神経質な部分が見つかることになる。結果、「当たっている」と感じるのである。

- あなたは人から好かれ、賞賛されたいと願っています。
- あなたは自分自身に対して批判的な傾向があります。
- あなたにはまだ利用されていない能力があります。
- あなたには性格的に弱点もありますが、たいていそれを補うことができます。
- あなたは現在、性的な適応に関する問題を抱えています。
- あなたは外面は自律的で、自己管理しているように見えますが、内面的には心配性で、不安定な傾向もあります。
- 時々、あなたは自分の決断や行動が正しかったのかどうか深刻に悩むことがあります。
- あなたはある程度の変化と多様性を好み、禁止や限定を加えられると不満を覚えます。
- あなたは、自分自身の頭で物事を考え、証拠不十分な他人の発言をそのまま受け入れたりしないという自信があります。
- あなたは自分のことを他人に率直に明かしすぎるのは賢明ではないと思っています。
- あなたは時として外交的で、愛想がよく、社交的であり、また時として内向的で、用心深く、内気になります。
- あなたが抱いている望みのうちのいくつかはかなり現実性のないものです。
- あなたの、生活における大きな目標の1つは安全です。

『不思議現象：なぜ信じるのか こころの科学入門』（菊池聡・谷口高士・宮元博章編著、北大路書房、1995）より引用。

バーナム効果とは

　ゴークランの実験で見られたように、**あいまいな性格に関する記述を目にしたとき、人は自分に当てはまっているととらえてしまう傾向がある**ということが発見され、バーナム効果と命名された（Meehl, 1956）。

「バーナム」とは当時、誰にでも楽しめるとされていたサーカスを主宰する団長の名前で、この傾向とサーカスが**「誰にでも当てはまる」という共通点を持っている**ことから、そのように名付けられたと言われている。

ここまで読むと、もうお気づきの方もいることだろう。

占いが当たるかどうかは、占いを受け取った側の解釈に依存している。**「あなたはこういう人です」と示された内容に合致する部分を、人は後付けで自分の中から探し出してしまう**のである。

占いにだまされないためには

先ほど述べたとおり、人は自分に都合の良いものを集めて都合の良いように解釈しがちである。自分への肯定感を高めることが目的であればそれも有用だが、一方で過大な自己効力感（自分はできる人間であるという感覚）を抱いてしまう危険性がある。結果、自分にできると思って始めたことが失敗に終わり、自己肯定感が低下してしまうことにもなりかねない。

科学的な根拠がない事柄によって不当に自分のパーソナリティに悪い影響を受けるという望ましくない出来事を避けるためには、なにより「知識を持つこと」が重要である。

つまり、**バーナム効果というものがあるということ、そして人は簡単にバーナム効果の影響を受けるということ。この2つを覚えていることは、理不尽に自己肯定感が低下することを防止してくれる。**

加えて、見落としている事柄がないか確認する癖をつけること、示された占いの結果が逆だったら当たったと感じるだろうかと、反証例について考えることも、物事を正確に把握する助けとなる。

何事にも共通することではあるが、示されたことをそのまま信じ込むのではなく、一旦自分で精査することが重要なのである。

参考文献

Hans Eysenck and David Nias, Astrology: Science or Superstition? Temple Smith, 1982.
　　[H.J.アイゼンク／D.K.B.ナイアス（岩脇三良・浅川潔司共訳）『占星術：科学か迷信か』誠信書房、1986年。]
Paul Meehl,"Wanted—A Good Cookbook," American Psychologist: 11, 263–272, 1956.
高橋昌一郎『反オカルト論』光文社（光文社新書）、2016年。

圧倒的少数派AB型の人たちの不遇から
考える偏見と無意識的な差別。

05 ステレオタイプ

Stereotype

| 意 味 | 性別・出身地・職業などの特定の集団やカテゴリに対して、個人の違いを無視し、1つの特徴でまとめてとらえること。 |
| 関 連 | ハロー効果(→186ページ)　バーナム効果(→190ページ) |

血液型性格分類 について

　血液型性格分類とは、ABO式血液型によって人の性格や行動を異なる特徴に分ける考え方である。

　よく言われるのが、以下のような特徴である。A型は几帳面で真面目、B型は明るくマイペース、O型はおおらかでおおざっぱ、AB型は二面性のある変わり者(詫摩・佐藤,1994)。会話の中で「あの人は×型だから」などという言い方を耳にすることもあるが、果たしてこの分類は正しいのだろうか?

　心理学にステレオタイプという言葉がある。これは、**性別や出身地、職業など「複数のグループに分けられる」ものに対して、そのグループに所属する個人ごとの特徴の違いを無視し、成員をひとまとめにして特徴づけること**を指す。良くない特徴をグループと紐付ける際に問題が生じやすく、偏見や差別をもたらすこととなる。

ステレオタイプが私たちの認知にもたらすもの

　ステレオタイプが人にもたらす影響を検討するために行われた有名な実験を紹介しよう。

　とある1人の女性の職業を、実験参加者の半数には「司書」もう半数には「ウエイトレス」であると伝え、自宅で夫と食事をしている映像を見せた。

　この映像の中には「女性が眼鏡をかけている」「本棚に本が多く並んでいる」など、司書から連想される「真面目」「本が好き」などのイメージによるステレオタイプ的な特徴と、「ハンバーガーを食べる」「ポップミュージックを聴いていた」など、ウエイトレスから連想される「明るい」「活発」などのイメージによるステレオタイプ的な特徴が9つずつ含まれていた。映像を見た後、その内容に関する記憶テストを行うと、どちらのグループも最初に伝えられた職業に関連する特徴を多く答えたという(Cohen, 1981)。

　つまり、**前もって得た情報によって、私たちの注意が払われる対象は変化する**のである。その結果、記憶に偏りが生じ、その偏った記憶によってステレオタイプ的なイメージが強化されてしまうのだ。

彼女の職業は司書？　それともウエイトレス？

カップルで誕生日を祝っているシーンの映像を実験参加者に見せたところ、
女性の職業が「司書」と言われたグループ、「ウエイトレス」と
言われたグループとでは、その職業のイメージに合った（ステレオタイプと一致した）
情報が記憶されやすいという結果が出た。

血液型性格分類とステレオタイプ

　すでに行われた研究によって、グループの成員の違いを1人ずつ詳細に把握するよりも、共通している部分を先に把握してから個々の違いを知ることのほうが、効率が良いことが明らかになっている（Hamilton, 2017）。しかし、グループに所属する人々をまとめて特徴づけることには大きな問題がある。

　日本赤十字社によると、日本における各血液型に対する人数の比率はA：O：B：AB=4：3：2：1である。10人いれば4人がA型、3人がO型、2人がB型、そしてAB型は1人というわけである。

　圧倒的少数派であるAB型の特徴が「変わり者」であったことを思い出してほしい。多数派の人から見たら「自分たちと違う」＝「変わり者」というわけだ。血液型性格分類として挙げられるステレオタイプ的な特徴の

各血液型のイメージ

回答	A型	O型	B型	AB型	合計
几帳面	111	0	0	0	111
神経質	77	1	1	3	80
真面目	54	0	0	3	57
おおらか	0	90	1	0	91
大ざっぱ	0	25	4	0	29
おっとり	0	16	1	0	17
明るい	4	16	38	1	59
マイペース	0	8	33	1	42
個性的	0	2	23	6	31
いい加減	0	0	17	0	17
わがまま	0	2	12	1	15
自己中心的	1	3	11	0	15
楽天的	0	8	10	0	18
面白い	0	2	10	1	13
二重人格	0	1	0	77	78
二面性がある	0	2	18	64	84
変わり者	0	0	1	13	14
よくわからない	0	0	0	12	12

調査協力者（N=197）の回答から頻度が高かったもの（10以上）を抜き出してまとめられている。引用：佐藤達哉『ブラッドタイプ・ハラスメント：あるいはABの悲劇』詫摩武俊／佐藤達哉編　現代のエスプリ324「血液型と性格」至文堂、1994年。

1つには、こんな裏がある。

　ここまで説明しておいて今さらではあるが、そもそも、血液型によって性格が決まるという説は、科学的根拠に乏しく、否定されていることも知っておいてもらいたい（上村・サトウ, 2006）。

ステレオタイプと差別・偏見

　もう1つ覚えておきたいのは「少ないものは目立ち、目立つもの同士は関連づけられやすい」（Hamilton and Gifford, 1976）ということである。

　2010年のアメリカ合衆国の国勢調査によると、白人と黒人の比率は72.4%：12.6%であり、黒人のほうが少ない。また、2018年の人口10万人あたりの犯罪発生率は4.96%で当然ながら罪を犯す人のほうが少ない。ところが、数の少ない目立つもの同士が結びつき過大評価された結果、報道されやすくなり、それを見た人々の中に「黒人は罪を犯す」というステレオタイプができあがってしまうのである。

　この現象は多くの差別や偏見とつながっている。正しい知識を持つことは、これらを減らすことになると言えよう。

　なお、正確に検証するのであれば、犯罪発生率の中に占める黒人の割合を求め、白人のものと比較する必要がある。そのうえでの言及は、バイアスではなく根拠のある指摘となる。

参考文献

Claudia Cohen,"Person Categories and Social Perception: Testing Some Boundaries of the Processing Effects of Prior Knowledge,"Journal of Personality and social Psychology: 40, 441-452, 1981.

David Hamilton, Cognitive Processes in Stereotyping and Intergroup Behavior, Psychology Press, 2017.

David Hamilton and Robert Gifford, "Illusory Correlation in Interpersonal Perception: A Cognitive Basis of Stereotypic Judgements," Journal of Experimental Social Psychology: 12, 392-407, 1976.

上村晃弘／サトウタツヤ『疑似性格理論としての血液型性格関連説の多様性』パーソナリティ研究: 15(1)、pp.33~47、2006年。

日本赤十字社　東京都赤十字血液センター、8月号　『ABO式血液型』〈https://www.bs.jrc.or.jp/ktks/tokyo/special/m6_02_01_01_01_detail1.html〉2020/09/06参照。

善行は、悪行を帳消しにする免罪符となり
うるだろうか?

06

モラル信任効果
Moral Credential Effect

意　味	社会的に意義のある活動をしている人が、その価値ゆえに少しく らい非倫理的な行動をしても世間は許すだろうと考えること。

関　連	確証バイアス(→164ページ)　バーナム効果(→190ページ) ステレオタイプ(→194ページ)

あんな立派な人がなぜ?

　何か大きな事件が起きたとき、容疑者をよく知る人物がインタビューに答えることがある。その中で「まさかあんなに立派な人が」とか「奉仕活動に積極的な人なのに」などとコメントされているのを聞いたことがあるのではないだろうか?

　福祉活動に熱心だったり、社会貢献に注力している企業の役員だったり、社会の役に立つような活動で有名だったり……そのような人が犯罪や、倫理的に良くないことをしてしまうのは珍しくない。その**要因の1つとして、「当事者による思い込み」から生じるバイアスが挙げられる。**

　このバイアスでは、まるで**免罪符を持っているかのように錯覚**してしまう。つまり、**自らが立派であること、社会の役に立っていることを認識しているがゆえに、「これだけ素晴らしいのだから、多少倫理に反するようなことを行ったとしても許されるだろう」**と無意識のうちに考える。これ

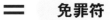
モラル信任効果の概念図

・社会的評価が高い仕事
・社会貢献活動
・尊敬される立場
＝ 免罪符

このくらい、許されるだろう…

立派な活動が免罪符となり、時に社会のルールを破る

をモラル信任効果という (Monin and Miller, 2001)。

このような考え方は、古くから社会のさまざまな場面で見られる。

たとえば、一昔前には「聖職」と考えられていたような職業では、彼らの理不尽な行動も指導の一環であるとして黙認されていたし、権力を持っている人々が、多くの場面で優遇を受けているということもある。「あんな立派な人がなぜ？」と言われるような事件が起こる背景には、優れている点によって悪い行いが帳消しになるという思い違いが存在するのだ。

社会貢献が不正のハードルを下げる？

近年では、**社会的に価値の高い仕事をすることが、従業員らの不正行為を促進してしまう**ことが明らかになっている (List and Momeni, 2017)。言い換えると、自分が社会にとって役に立つことをしていると自覚すること

リストの実験からわかった社会貢献と不正のハードル

	寄付を知らされた グループ	寄付を知らされなかった グループ
作業の完遂度	低	高

社会貢献をしているという意識が、
怠慢な作業につながっている!?

は、仕事において不正を行いやすくしてしまうということである。

　リストらは、非ドイツ語圏の実験参加者らに、不鮮明な印刷の短いドイツ語の文章を清書するという仕事を行わせた。すべて写した参加者には約束された報酬を全額支払った。また読み取ることが難しい課題については飛ばすことが許可され、その分の報酬が減額されることはなかった。

　この実験により、**あらかじめ報酬の5%を別途国際的に有名な慈善活動を行っている団体に寄付すると知らされていたグループは、知らされていなかったグループよりも、本来読めるはずの課題を読めないと答えて飛ばすことが多かった。**また、報酬の一部を前払いでもらっているのにもかかわらず、完遂せずに終了したりする人の割合が高くなることが明らかとなった。

　なお、寄付をする・しないにかかわらず、手に入る報酬は、基準となる条件を除いて同じ額であった。

生活の中のモラル信任効果

　モラル信任効果は、自分が素晴らしいことをしているだとか、周りから一目置かれるような人間であると自覚していることによって引き起こされ

る。

　たとえば、一家の大黒柱が、家庭内で横暴に振る舞うというのは男女問わず聞く話であるし、権力を持っているがゆえに自分の正当性が認められていると錯覚し、立場の弱い人たちから便宜をはかられて当然だと考える人もいる。　男性が女性よりも優れていると考えている男性は、女性よりもいい待遇を当たり前に求めるし、女性は庇護（ひご）されるべきだと考えている女性は、男性と対等に扱われても不満を感じることも多い。

　これらはすべて、**自分の中にある優越感が生む歪み**なのである。

■ 謙虚でいることが一番の対策

　モラル信任効果は、特別に選ばれた人だけではなく、**普通の人、日常の生活の中でも生じる可能性がある**ことは先述したとおりだ。

　自分はボランティアをして社会の役に立っているので短時間の路上駐車をしても許されるなど、自分が社会的な貢献をしていることを理由に、関係のないところでのささいな不正が許されると錯覚するのである。

　犯罪や自分以外の誰かを傷つける可能性があるモラルに反した行いが頭によぎったとき、「このくらいなら許されるだろう」という自分の甘えに気づき、自らを律することができるかどうかが重要といえる。

　また、そのような振る舞いを諫（いさ）めてくれる人が存在したとき、ありがたいと思えるか、思えないかで、その人の生き方も大きく変わってくるだろう。

参考文献

Benoît Monin and Dale Miller, "Moral Credentials and the Expression of Prejudice," Journal of Personality and Social Psychology: 81(1), 33-43, 2001.

John List and Fatemeh Momeni, "When Corporate Social Responsibility Backfires: Theory and Evidence from a Natural Field Experiment," National Bureau of Economic Research, No. 24169, 2017.

有光興記／藤澤文（編著）『モラルの心理学：理論・研究・道徳教育の実践』北大路書房、2015年。

高橋昌一郎『反オカルト論』光文社（光文社新書）、2016年。

他人の失敗はその人の力不足。では、自
分の失敗は何のせい?

07

基本的な
帰属の誤り

Fundamental Attribution Error

意　味	他者の行動の原因について説明するとき、その人の能力や性格な どを重視しすぎて、状況や環境などの要因を軽視する傾向のこと。
関　連	内集団バイアス(→206ページ) 究極的な帰属の誤り(→210ページ)

転んだのは何のせい?

1カ月前に転んで骨折をしたばかりの友人が、今週も同じ目に遭ったと聞いたら、あなたはどう思うだろうか?

ドジだなぁとか、注意が足りないとか、そんなことが浮かんだはずだ。逆に、その場所の床が滑りやすかっただとか、わかりにくい段差があっただとか、その人が置かれた状況や環境について考えが至ることはそう多くない。

人は、**個人の行動の原因について推測するとき、能力や性格など内的なものの影響を過大評価し、それらに原因を帰属しがち**である。

一方で、**状況や環境などの外的なものの影響については過小評価してしまう傾向がある**(Myers, 1987)。これを基本的な帰属の誤りと呼ぶ(Ross, 1977)。

指示された行動と個人の意見

　明らかに外的な要因の影響があるとわかっている場合でさえ、基本的な帰属の誤りは発生する。

　アメリカでは次のような実験が行われた。

　実験参加者は、政治学を専攻する学生が書いた、とある政治家を支持もしくは批判している文章のどちらか一方を読むよう言われる。事前に、この文章は学生個人の実際の考えを反映したものではなく、教員に指示されて書いたに過ぎないことが実験参加者に伝えられた。

　その後、文章を読み、この学生が本当はその政治家についてどう思っているのかを推測するように求められた。

　その結果、支持する文章を書いた学生は、実際に政治家を支持し、反対する文章を書いた学生は実際に反対していると推測された(Jones and Harris, 1967)。

　つまり、教官の指示という、第3者の介入が存在することが明確に説明されている場合でさえ、**表明された意見は、その人の内的な要因によると錯覚されてしまう**のだ。

俳優自身と役柄が混同されることも

　たとえば俳優自身と、その人が演じた役柄が混同されるという現象は、頻繁に発生する。穏やかで親切な人を演じた俳優は、実際にそのような人であると思われがちである。良い役であれば、好印象となるのでメリットがあると言えるが、

この俳優、本当に嫌なヤツ！

問題は悪役を演じた際にも生じることだ。見事に演じれば演じるほど悪い印象を持たれてしまうのだから、困ったものである。

　同様に、他者が病気にかかった際には、不摂生などの内的なことが原因であり、患者の自己責任だと考えやすい。そのため、補助制度の整備などに時間がかかることもある。この現象は、当事者以外の人が制度を検討する際に起こりやすい。

基本的な帰属の誤りが生じる理由

　基本的な帰属の誤りとは、誰かの行動を内的要因に帰属することであるが、これを検討する過程で「他者」の行為は内的要因に帰属されやすく、「自分」の行為は外的要因に帰属されやすいことがわかった。これを行為者－観察者バイアスと呼ぶ(Jones and Nisbett, 1972)。

　知らない人を友人と見間違えたとき、他人がしたのなら「うっかりしているなぁ」と思うことだろう。しかし、自分がしたときには「とても似ていたから」と言いたくならないだろうか。

　このような違いが生まれる要因として、利用可能な情報と注意の向け方の違いが挙げられる。行為者は通常、観察者より多くの情報を持っている。見間違いの例では、行為者は、観察者の知り得ない情報——友人がそこに来る予定だったことや、同じ服を持っていること——を知っていたかもしれない。そのような情報量の差によって、何を原因とするかに違いが生じると考えられている。

　人は**認知的な負荷を軽減するため、わかりやすいものを原因にしてしまうが、状況に関する要因は、注目を集めにくい**ことも指摘されている。

　これらのことから、他者に対しては内的要因がより重視され、基本的帰属の誤りが生じやすくなるのである。

　誤帰属が生じるメカニズムには、複数のバイアスが関連していると考えられている。

　そのため、1つのことに気をつければ誤帰属を防げるというわけではな

行為者一観察者バイアスの傾向

道のゴミをよけようと
したからだ！
（外的要因）

注意力が足りないからだ！
（内的要因）

**当事者は外的要因に、他者は内的要因に
責任を見いだそうとしがち。**

い。自分の考えが正しいと盲信することを防ぐためにも、人は無意識に誤
帰属をしやすいという事実を意識することが重要だ。自分には偏見などな
いという思い込みこそが最も怖いのである。

参考文献

Edward Jones and Victor Harris, "The Attribution of Attitudes," Journal of Experimental Social Psychology: 3, 2-24, 1967.

Edward Jones and Richard Nisbett, The Actor and the Observer: Divergent Perceptions of the Causes of Attribution: Perceiving the Causes of Behavior, General Learning Press, 1972.

David Myers, Social Psychology, McGraw-Hill, 1987.

Lee Ross, The Intuitive Psychologist and Its Shortcomings: Distortions in the Attribution Process, Advances in experimental social psychology, edited by Leonard Berkowitz, Academic Press, 174-221, 1977.

吉田寿夫『人についての思い込み　I』北大路書房、2002年。

社会心理学系バイアス

08

内集団バイアス

Ingroup Bias

意　味	自分の所属する集団（内集団）やその集団のメンバーを高く評価したり、好意的に感じたりすること。

関　連	基本的な帰属の誤り（→202ページ） 究極的な帰属の誤り（→210ページ）

うちの子が一番？

　子供にしろペットにしろ、同じカテゴリにはたくさんの個体がいることは言うまでもない。その中には容姿がずば抜けて整っていたり、とても人懐っこかったり、賢かったりと、さまざまな良い特徴を持っている者もいることだろう。自分の子供やペットが最も優れているわけではないことを理解していてなお、「うちの子が一番！」と感じたことがある人は多いはずだ。

　仕事で嫌なことがあった日、帰宅してドアを開けると「おかえりー！」とニコニコ走ってくる我が子。こんなにかわいい子、他にはいない！　と幸せを実感する日もあるだろう。

　幸せな気持ちに水を差すつもりはまったくないが、こんなところにさえバイアスが働いているのだと言ったら、少し驚くだろうか？

人は、**自分が所属している集団（内集団）やその集団のメンバーのこと
を、そうでない集団（外集団）やそのメンバーよりも好意的に評価し、ひ
いきをする傾向がある**ことがわかっている(Tajfel et al., 1971)。この現象
は、内集団バイアスと呼ばれる。

内集団バイアスの傾向を示した概念図

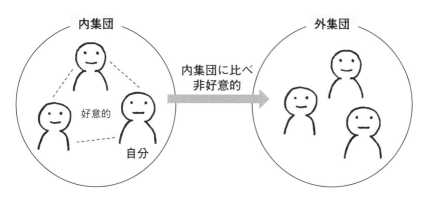

　同じ「集団」といっても、たとえば家庭や職場のような結びつきやしが
らみの強いものから、初対面で名前も知らない人と便宜上振り分けられた
だけのものまで、その関係性の強弱はさまざまである。
　その中で、関係性が可能な限り簡素である集団を最小条件集団と呼ぶ。
タジフェルらはその集団を実験室内で構成し、最小条件集団パラダイムと
呼ばれる方法を用いた実験を行った。その結果、内集団と外集団の間、お
よび内集団の中に利害関係が存在せず、ただ分けられただけのときでさ
え、内集団に対するひいきが生じることを明らかにした。
　実験参加者は、8人が1組となり、スクリーンに表示された黒い点の数
を推測する課題を行った。そして実際よりも多く見積もったか少なく見積
もったかで2つのグループに分けられた。この課題は、グループを分ける
目的でのみ設定されたものである。
　その後、内集団と外集団のメンバーを1人ずつペアとし、報酬をどう分

表1　報酬の配分表

	内集団びいき ←――――――――――→ 外集団びいき													
内集団のメンバー	14	13	12	11	10	9	8	7	6	5	4	3	2	1
外集団のメンバー	1	2	3	4	5	6	7	8	9	10	11	12	13	14

けるかについて判断を求められた（表1）。すると、もともと仲が良かった
わけではなく、その場で同じグループに分けられただけであるのにもかか
わらず、実験参加者の何人もが、内集団のメンバーのほうが多くもらえる
分配方法を選んだのである。

内集団びいきと差別

　たとえば、オリンピックで自国の選手を熱心に応援することを差別とは
言わないように、内集団を好意的に感じること自体には何も問題がない。
　しかし、**内集団を優位にしようとするあまり、外集団の足を引っ張ろう
としたり、攻撃を仕掛けたりするようになると、それは差別になっていく**
危険性が高い。**自国内の集団間差別を解消する手立てとして、特定の国・
国民を共通の敵に仕立て上げて批判することはよく見られる事例**の1つで
ある。
　同様に、自分が好きなものを肯定しようとして、そうでないものを引き
合いに出してけなすことは、多くの人がやりがちな過ちである。
　他の物を批判したところで、そのことによって好きな物の本質的な価値
が上がるわけではない。むしろ周囲の人は、そのような行為をする人が
好むものとして敬遠するようになることすらあるのだから、注意が必要
だ。

集団間差別を解消するためには

　集団間の対立の解決方法を検討した研究がある (Sherif, et al., 1988)。子
供たちを2つのグループに分けて別々に活動させ、グループ内の結束を高

めておく。その後、グループ同士をスポーツなどで競わせ、対立が激しくなったところで、その対立を改善するために有効な方策を検討した。

その結果、全員で映画を見たり、食事をしたりする行為は、対立の緩和には大した効果が見られなかった。そこで、両グループが協力しなければ乗り越えることができないようなトラブルを起こし

宇宙人が襲来してくれば、
内集団バイアスによって国際紛争は減る⁉

て解決にあたらせたところ、外集団に対して好意的な評価を行った子供の割合が大幅に増加したのである。このことから、**集団間差別を解消するには、対立している集団同士が協力しなければ解決できないような課題を与えることが有効**だと結論付けている。

たとえば、物語の中でいがみ合っていた集団同士が同じ場所に居合わせたときに、力を合わせなければ乗り越えられないような困難に直面するという展開は、正にこの典型である。

一見ピンチに見える状況も、ライバルと共に乗り越えることで、力強い味方を得るチャンスとなりうるのである。

参考文献

Henri Tajfel, Michael Billig, Roert Bundy and Claude Flament, Social Categorization and Intergroup Behavior, European journal of Social Psychology: 1, 149-178, 1971.

Muzafer Sherif, O.J.Harvey , Jack White, William Hood and Carolyn Sherif, The Robbers Cave Experiment: Intergroup Conflict and Cooperation, Wesleyan University Press, 1988.

安藤香織／杉浦淳吉(編著)『暮らしの中の社会心理学』ナカニシヤ出版、2012年。

亀田達也／村田光二『複雑さに挑む社会心理学:適応エージェントとしての人間』有斐閣(有斐閣アルマ)、2000年。

高橋昌一郎『感性の限界』講談社(講談社現代新書)、2012年。

09

よそに厳しく身内に甘い。そんな偏りは、自分たちの成長を妨げるかもしれない。

究極的な
帰属の誤り

Ultimate Attribution Error

意　味	自分が所属していない集団（外集団）やそのメンバーが成功したときには状況（外的要因）が、失敗したときは才能や努力（内的要因）が原因であると考えること。一方で、自分が所属している集団（内集団）やそのメンバーが成功したときには才能や努力が、失敗したときは状況が原因であると考えること。
関　連	基本的な帰属の誤り（→202ページ） 内集団バイアス（→206ページ）

味方のチームは能力が高い？

　趣味のサッカーチームにあなたが参加していると仮定しよう。

　チームメイトが得点を上げたとき、きっとその理由を「普段から努力しているから」とか「能力が高いから」だと思うことだろう。逆に、失点してしまったときには「今日は足下が滑りやすい」とか「風が強かった」などと思ったとしたら、典型的な究極的な帰属の誤りと呼ばれるバイアスに陥っている。

　このバイアスが働いていると、相手チームのメンバーがゴールを決めたときには「風向きに助けられたなあ」とか「たまたまいいコースに行っただけだろう」などと考えがちになるし、相手チームが劣勢なときには「練習が足りないんじゃないか」とか「能力が低いから」なんて思ってしま

う。

　つまり、**自分の所属する集団（内集団）やメンバーの成功は努力や能力、失敗は運や環境をその原因とし、自分の所属していない集団（外集団）やそのメンバーの成功は運や環境に、失敗は努力や能力にその原因を帰属する**のである (Pettigrew, 1979)。

「個人」と「集団」

　自己認識は、自分が所属する集団によって形づくられるのだと、社会的アイデンティティ理論は説明する（Tajfel and Turner, 1979）。

　この理論によると、人は「私は○○さんよりも速く走ることができる」というように、個人間の比較を行うことによって自尊心を高める。「私の通っている大学のサッカーチームは県内で一番強い」というように、内集団と外集団を比較することでも同様の効果を得る。

　内集団に起こった良いことが、自分にとっての良いことであるように感じられ、その結果、自尊心が高まったり幸福感を得たりするのである。内集団と自分自身の一体感が強いほど、その効果は大きくなるとされている。

　さらに、内集団に所属する「個々のメンバー」に対して、私たちはある程度強い一体感を持つことがあり、メンバーたちをまとめて身内として認識するようになる。

究極的な帰属の誤りの傾向

	成功したとき	失敗したとき
内集団に対して	努力や能力のおかげ	運や環境のせい
外集団に対して	運や環境のおかげ	努力不足や能力不足のせい

複数のメンバーからなるアイドルグループの中などで、応援しているメンバーのことを「一推しのメンバー」という表現を略して「推し」と呼ぶ。転じて、誰か1人ではなくグループ全体を応援することを「箱推し」というが、この「究極的な帰属の誤り」は内集団に対して正に「箱推し」の状態なのである。

ワールドカップでの日本と韓国の成績をどう見る？

　2002年のFIFAワールドカップを題材として、日本人大学生を対象に行った研究がある（村田,2003）。

　日本と韓国の共催であるこの大会で、日本代表はベスト16、韓国代表はベスト4に入った。この成績となった理由をどう推測するか尋ねた。

日本人大学生は、2002年FIFAワールドカップの
日本と韓国の成績をどう見た？

ベスト16
進出！

アジア勢
初の
ベスト4！

内集団
これまでの努力の成果

外集団
運と勢いに
よるところが大きい

典型的な、究極的な帰属の誤り的評価

その結果、調査対象者はどちらの国の結果も望ましいものであるととらえたうえで、自らの内集団である日本の成績を「これまでの努力の成果である」とする内的な要因に帰属することが多かった。

一方で、**外集団となる韓国の成績は「運と勢いによるところが大きい」という外的な要因に、より多く帰属した**のである。これは、正に「究極的な帰属の誤り」が生じた結果であると言える。

究極的な帰属の誤りに関する落とし穴

究極的な帰属の誤りというバイアスが発生することによって自分自身や内集団・外集団の認識に誤解が生じることは大きな問題である。**どちらの集団についてもその力量を正確にはかることができなくなる**からだ。

内集団の成功や勝利が、運や環境などの外的要因の恩恵であったことに気づかずにいると、自分たちの能力を過大評価してしまう。すると、外的要因が作用しない状況で思うような結果が得られないことになる。その際、自尊心や自己効力感が低下してしまう危険性がある。

一方で、外集団に対しては、成功を努力や能力に帰属しないため、相手を軽んじたり差別を正当化したりすることにつながりかねない。

また、そうした**理不尽な思考に対する反省や、いい結果を出した相手に追いつくために努力する機会を失う**ことも考えられる。

このような事態を防ぐためには、クリティカル・シンキングという「論理的に考える訓練」が効果的である。

参考文献

Thomas Pettigrew, "The Ultimate Attribution Error: Extending Allport's Cognitive Analysis of Prejudice," Personality and Social Psychology Bulletin: 5, 461-476, 1979.
Henri Tajfel and John Turner, An Integrative Theory of Intergroup Conflict, The Social psychology of intergroup relations, edited by William Austin and Stephen Worchel, Brooks Cole, 33-47, 1979.
村田光二『韓日W杯サッカー大会における日本人大学生の韓国人、日本人イメージの変化と自己奉仕的帰属』日本グループ・ダイナミックス学会第50回大会発表論文集、122-123、2003年。

防衛的帰属仮説
Defensive Attribution Hypothesis

相手を過剰に責めたくなるのは、自分を守りたいという欲求の裏返し。

| 意 味 | 良くないことが起こったときに、その加害者もしくは被害者に自分の立場を重ね、異なる立場の人の責任を過大に評価すること。 |

| 関 連 | |

刑罰の重さは適切か

犯罪に関するニュースを見ていて、犯人に対する量刑が軽すぎるとか重すぎるとか、感じたことはないだろうか。特に性犯罪や虐待に関しては、「軽すぎる」と指摘する発言が多く見受けられる。

法律に基づいて刑罰が決定されるのだから、法律が変わらない限り現在定められているものの上限を超える厳罰に処されることはない。しかし、決められた範囲内で刑罰が軽くなる・重くなるときには、加害者の責任の重さが問われる。その際、行動の原因を推測する原因帰属と呼ばれる過程にバイアスが生じることがある。

自分の立場と当事者の立場

物事の「原因」は、1つだけではない。たとえば「子供が見通しの悪い交差点で飛び出して、車とぶつかった」事故の場合、原因は何だろうか。

加害者・被害者の責任をどう判断するか？

加害者

被害者

加害者に近い属性の人
（普段車を運転している人、似たような
シチュエーションを経験した人など）

被害者に近い属性の人
（車を運転しない人、
小さな子供がいる親など）

自己防衛の欲求

加害者を擁護しがち。

加害者の責任を強く追及しがち。

運転者の不注意（加害者）、子供の飛び出し（被害者）、見通しの悪さ（状況）？

　法律上の正解は別として、このような場合に私たちは、多くの原因候補の中から最も責任が重いと思うものを選び、原因と認識する。しかし、あくまで推論にすぎないため、判断には考え方の偏りが入り込んでしまう。

　たとえば、事件や事故などのネガティブな出来事の当事者（加害者・被害者）について評価をしようとするとき、**私たちは自分と似た部分のある者に自らを重ね、そうでない者の責任を過大に評価する**傾向がある。これを**防衛的帰属仮説**と呼ぶ（Shaver, 1970）。

　防衛的帰属仮説に関する実験では、偶然発生した自動車による交通事故が重大な結果をもたらしているほど、運転していた人に対してその責任が大きく帰属される傾向があることが指摘されている(Walster, 1966)。このような現象が生じるのは、**判断をした人々が、自分が被害者と同様の事態に陥った際のやりきれなさを回避しようとするから**であると考えられている。

軽い事故であれば、運が悪かったと自分を納得させることができるが、重大なものになればなるほど運転者の責任を追及する必要が出てくる。運の善し悪しで自分に大きな事故が降りかかってくると考えると私たちは不安を感じるため、運転者の責任を問うことでその不安を軽くするのである。

　一方、別の研究者がこの実験を追試した際には、別の仮説を立てている（Shaver, 1970）。**事故の当事者と判断者の間には個人的な類似点があることが重要であり、その際には加害者への責任は過小評価になるはず**としたのである。

　なぜなら、自分が事故の被害者になったときに加害者の責任を追及したいという気持ちよりも、加害者になったときに追及されるのを避けたいという思いのほうが強くなると推測したからだ。

　どちらの仮説においても、**判断をする人が自分を守ろうとする気持ちが働くことで、防衛的帰属仮説と呼ばれるバイアスが生じる**というメカニズムは共通している。

性犯罪や虐待などの事件に潜む罠

　判断を下す人間は、自分と類似している点を見つけた相手と逆の立場にいる人の責任をより重く考えるということは説明したとおりである。

　では、公的な機関において、誰が性犯罪や虐待について加害者の責任を判断しているのか考えてみたい。**全員が成人であり、多くが男性である**ことは誰もがすぐに思い当たるであろう。

　令和元年の警察庁の統計によると、平成30年の強制性交等・強制わいせつ事件の被害者はどちらも96％が女性である。また、虐待も被害者の多くが子供や女性である。児童虐待については加害者は大人であるし、そのうちの73％が男性であることが明らかになっている。

　20代から70代の男女796名を対象としたインターネット調査（エアトリ, 2020）によると、66％もの人が児童虐待に対する刑罰が軽いと感じている。

児童虐待の

ほとんどの
加害者は大人

被害者は子供

刑罰や処分を審議中

判断するのは
大人

自己防衛の欲求？

・子育ては大変
・昔は体罰は当たり前
・最近の子供は…

防衛的帰属仮説が生まれないと言い切れるだろうか？

しかし、その刑罰がなかなか変更されない原因として、心理学的な見地からは、変更を検討する側に、当事者や当事者と同じ立場の人が少ないことが原因といえる。

　誤解のないように明記しておくと、性犯罪や虐待の刑罰が重くならないのは男性のせいであると批判したいのではない。性別に限らず、属性に偏りのある中で判断がなされるとき、防衛的帰属仮説によって正確な判断が妨げられる可能性があると指摘しているにすぎない。

　つまり、個人の考え方の偏りを集団内で解消するためには、性別や年齢、職業など、さまざまな属性の人を参加させることが重要なのである。

参考文献

Kelly Shaver, "Defensive Attribution: Effect of Severity and Relevance on the Responsibility Assigned for an Accident," Journal of Personality and social Psychology:14, 101-113, 1970.
Elaine Walster, "Assignment of Responsibility for an Accident," Journal of Personality and Social Psychology: 3, 73-79, 1966.
株式会社エアトリ『児童虐待に対する現在の刑罰、6割以上が「軽すぎる」』〈https://dime.jp/genre/842025/〉2020年12月23日閲覧。
警察庁『令和元年版犯罪白書：平成の刑事政策』〈http://hakusyo1.moj.go.jp/jp/66/nfm/mokuji.html〉2019年 。

論理学的アプローチ

認知科学的アプローチ

社会心理学的アプローチ

なぜ浦島太郎は、乙姫様の言いつけを守らずに玉手箱を開けてしまったのか？

11

心理的
リアクタンス

Psychological Reactance

意 味	自分の選択や行動の自由を制限されるように感じると、制限するものに対して反発し、逆らう行動をとろうとすること。

関 連	現状維持バイアス（→222ページ）　公正世界仮説（→226ページ） システム正当化バイアス（→230ページ）

強い禁止は逆効果

「私が機を織り上げるまで、決して部屋をのぞかないでくださいね」

「この玉手箱は決して開けてはなりません」

　前者は「鶴の恩返し」、後者は「浦島太郎」の一節である。

　物語の登場人物が「開ける」という行動を禁止されたのにもかかわらず、守ることができなかったのは、果たして好奇心に負けたせいだけなのだろうか？

　人は、**本来持っている選択や行動の自由を他者に脅かされたとき、その自由を回復しようとして、あえて妨げられた行動をしようとする**ことがある。これを心理的リアクタンスと呼ぶ（Brehm, 1966）。

　先の2つの物語では、自分の家のふすまや自分のものである玉手箱を開けるという自由を制限された。その制限によって、「開けたい」という気持ちが強まってしまった、と考えられるのである。

親切心が大きなお世話に？

たとえばおいしそうなラーメンを目の前にして「しょっぱいものを食べ過ぎるのはよくない」とか、楽しく雑誌のページをめくっているときに「漫画ばかり読んでないで文学作品を読みなさい」などと言われて腹が立った経験はないだろうか。常識的に考えて塩分は取り過ぎないほうがいいに決まっているし、文学作品を読んで見識を広げるのが良いことも多くの人が同意するであろう。言われたことは正論であるはずなのに、なぜかムッとしてしまう。

これも同様に、行動の自由が制限されるからである。**相手のことを思って言ったアドバイスが逆効果になってしまうことがあるのは、こういった仕組みが働くから**である。

手に入れにくいものほど欲しくなる

さらに、希少性が心理的リアクタンスを引き起こす原因の1つとなることが、実験で確認されている。

ある研究では、消費者の好みを調査するとして、クッキーを実験参加者に試食させ、価値を評価させた。その結果、以下のことがわかった。

① 同じクッキーであったにもかかわらず、瓶に2枚入れて出したもののほうが、10枚入りのものよりも価値が高いと感じる。

② 最初から2枚入った瓶を見た人たちよりも、最初に10枚入った瓶を見せられ、その後2枚入りの瓶に交換された人のほうが、2

枚の瓶のクッキーをより価値が高いと感じる。

　2枚のほうが少ないため「他の人が選んだら自分はこちらを選べなくなるかもしれない」と選択の自由を脅かされる。そのため、価値が高いと感じると考えられる(Worchel, et al., 1973)。

　このことから、商品を売る際に「期間限定」「先着○名」などと表示することは、人の心を巧みに利用していると言える。機会を逃した場合「入手する自由」を失うため、私たちは購入することで自由を回復しようとする。

　また、不確実な状況下での意思決定をモデル化したプロスペクト理論が示すように、人は利得よりも損失を重視するため、買い逃すことで損をしたくないと考える（Kahneman and Tversky, 1979)。そのため、人は購入し

どちらのクッキーの価値を高く感じるか？

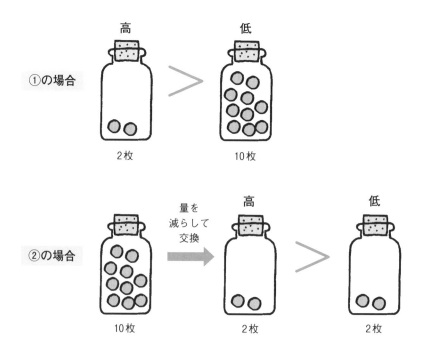

ようと動機づけられるのである。

障害が恋を燃え上がらせる

実現するための障害が多いほど魅力的に思えるという現象は、戯曲「ロミオとジュリエット」においても見ることができる。

代々対立する2つの家に生まれたロミオとジュリエットは恋に落ちるが、家同士が反目し合っているために、そのことを周りに伝えることができない。結局、2人は駆け落ちを計画したものの、行き違いからジュリエットが死んだと思い込んだロミオは自殺。それを知ったジュリエットはロミオの後を追ってしまった、という話である。

なぜ2人の恋はこんなにも燃え上がってしまったのか。その理由として「対立する両家」という大きな障害が立ちはだかったことが考えられる。家の事情から、2人は相手を愛するという自由を脅かされてしまう。その脅威から解放されようとした結果、想いがいっそう強くなり、極端な行動に走ってしまったのだ、と心理学の立場からは説明できる。

自分の感情が強く何かに向かっていると感じたとき、それは本当に対象が魅力的であるからか、それとも自由を脅かす障害のせいで魅力が高まっているように感じるだけなのかを冷静に考えることが、このバイアスにとらわれないためには重要だと言えよう。

それを幼いロミオとジュリエットが知っていたのであれば、物語は違う方向に進んでいたのかもしれない。

参考文献

Jack Brehm, A Theory of Psychological Reactance, Academic Press, 1966.
Daniel Kahneman and Amos Tversky, "Prospect Theory: an Analysis of Decision Under Risk," Econometrica: 47, 263-291, 1979.
Stephen Worchel, Jerry Lee and Akanbi Adewole, "Effects of Supply and Demand on Ratings of Object Value," Journal of Personality and Social psychology: 37, 811-821, 1973.
深田博己（編著）『説得心理学ハンドブック』北大路書房、2002年。

「挑戦して失敗するくらいなら、最初から挑戦しないほうがいい」という心の働き。

12

現状維持バイアス

Status Quo Bias

意　味	何かを変化させることで現状がより良くなる可能性があるとしても、損失の可能性も考慮して、現状を保持しようとする傾向。
関　連	心理的リアクタンス（→218ページ）　公正世界仮説（→226ページ） システム正当化バイアス（→230ページ）

得するか損するか

コインを投げて表が出れば1500円をもらえるけれど、裏が出た場合は1000円を支払わなければならない。表と裏が出る確率はそれぞれ2分の1ずつであるとして、あなたはこのゲームに参加したいと思うだろうか。

表が出る確率と裏の出る確率は同じなのだから、もらえる額のほうが多いのであればこのゲームには参加すべきである。しかし、実際には多くの人が難色を示すといわれている（Kahneman, 2011）。

行動経済学の分野に損失回避性という言葉がある。読んで字のごとく、損をすることを避けたいと思う心の働きのことである。私たちは利得と損失を比較する際、損失のほうをより重大だと感じる。

先ほどと同じゲームで、裏が出てしまった場合に100ドルを支払わなければならないとして、いくら貰えるのであれば参加するか、と尋ねると、多くの人が200ドル前後と回答することが明らかになっている（Kahneman and Tversky, 1979）。

　利得と損失がどのくらいの倍率であれば釣り合うのかという損失回避倍率については多くの実験が行われた。その結果、個人差はあるものの、**損をする分のおおよそ1.5 ～ 2.5倍の利得があって初めて、私たちは損と得が釣り合うと感じる**ことが明らかになっている（Novemsky and Kahneman, 2005）。

得る喜びより失う恐怖

　プロスペクト理論では、人は何かを得る時よりも、失う時に受ける影響の方が大きいとされている（Kahneman and Tversky, 1979）。

　この傾向は、前節の心理的リアクタンスで述べた「人は失うことを避けようとする」ことが別の形で表れたものと言える。私たちの意思決定は感情から生じた歪みが影響を及ぼしている。その「価値の感じ方の歪み」を関数で表したものを価値関数と呼ぶ。

　右のグラフ（図1）を参照しながら読み進めてもらいたい。中心から左右に同じ距離（この場合はどちらも1万円分）を離れたとしても、感じるうれしさ（中心の横線から上へ向かう距離）とガッカリ感（下へ向かう距離）は大きく異なる。利益を得たことによる喜び（グラフの右上の曲線）は損失を被ったことによるガッカリ感（グラフの左下の曲線）より線のカーブが緩やかである。

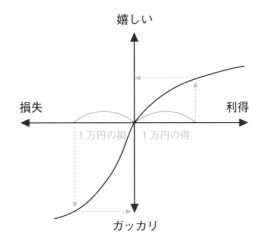

図1　価値関数

これは、利益を得たときのほうが生じる感情が弱いことを表している。

　よって、うれしいという感情が上回るためには、得が損の1.5 ～ 2.5倍の大きさとなる必要がある。**行動を起こす際のメリットがこの倍率を下回る場合、損をする可能性があることから、人は行動を起こす必要性を感じず、現状のままでいようとする。**これを現状維持バイアスと呼ぶ（Samuelson and Zeckhauser, 1988）。

一度手に入れたものを手放しづらくさせる保有効果

　現状維持バイアスは保有効果が生じる際に顕著に発生する。保有効果とは、**一度何かを手に入れると、それが自分の手元になかったときよりも価値が高いものであるように感じて、手放す際に抵抗を感じる現象**のことを言う。

　保有効果の実験として有名なものを紹介しよう。

　実験参加者である大学生を2つのグループに分け、片方にだけ6ドル相当のマグカップを与えた。与えなかったグループの学生には、同じ製品を見せていくらなら買うか、与えた学生には自身がもらったカップをいくらでなら手放すかを尋ねた。その結果、学生たちの答えた金額は、マグカップを与えたグループが7.12ドル、与えなかったグループが2.87ドルと2倍以上の差が見られたのである。

　この理由について、マグカップを与えられた学生たちは、一旦自分のものとしたことでそのマグカップの価値が高まったように感じ、手放すのに抵抗を示したのだと推測された（Kahneman, et al., 1990）。

　通信販売で「○日以内なら返品可能」という記述はよく見かけるが、この保有効果の働きと手続きの煩雑さによって、返品されにくいと知った上で販売していることもあるので、注意が必要である。

　一方、マグカップを与えられなかったグループは、持っていないという現状を変えないよう、その程度の安いものなら必要ないと思い込むためにマグカップ自体の価値を低く見積もったと考えられる。

変化することが、唯一の解決策になる場合も

組織の改革が遅々として進まない理由

　新しいシステムや制度のほうが優れているのに、旧来のものにこだわって改良されないという現象は、現状維持バイアスがその原因の1つだ。

　人はメリットよりもデメリットに敏感である。他人を説得して現状をよい方向に変えたいのであれば、デメリットと比較して、メリットが十分に大きくなるよう策を練ることが重要となる。

　また、既に手にしているものを持っていない状態であると想定して考える、ゼロベース思考と呼ばれる方法も有効である。

参考文献

Daniel Kahneman, Thinking, Fast and Slow, Farrar, Straus and Giroux, 2011.［ダニエル・カーネマン（村井章子訳）『ファスト＆スロー：あなたの意思はどのように決まるか？』早川書房、2012年。］

Daniel Kahneman, Jack Knetsch and Richard Thaler, "Experimental Tests of the Endowment Effect and the Coase Theorem" Journal of Political Economy: 98(6), 1325–1348, 1990.

Daniel Kahneman and Amos Tversky. "Prospect Theory: an Analysis of Decision Under Risk," Econometrica: 47, 263-291, 1979.

Nathan Novemsky and Daniel Kahneman, "The Boundaries of Loss Aversion," Journal of Marketing Research: XLII, 119–128, 2005.

William Samuelson and Richard Zeckhauser, "Status Quo Bias in Decision Making," Journal of Risk and Uncertainty: 1, 7-59, 1988.

「悪いことをすると罰が当たる」と考える人
ほど、被害者をバッシングしやすい!?

13

公正世界仮説

Just-World Hypothesis

| 意　味 | 良い行いには良いことが、悪い行いには悪いことが返ってくるとする認知的な偏りのこと。 |

| 関　連 | 心理的リアクタンス（→218ページ）　現状維持バイアス（→222ページ）　システム正当化バイアス（→230ページ） |

悪いことをすると罰が当たる?

　子供のころ、悪いことをすると親や先生に「罰が当たるよ」とたしなめられた経験はあるだろうか?

　読売新聞が実施した世論調査によると、2020年現在、悪いことをすると罰が当たることがあると考える人の割合は76％に上る。1964年に同様の調査を行った際は41％であったことから、現代のほうがそう考える人の割合が高いことがわかる（2020年8月13日朝刊）。

　また、この調査を年代別に見てみると、驚くべきことに70歳以上が63％であるのに対して、18歳〜29歳は81％であった。このことから、高齢者よりも若者のほうが「悪いことをすると罰が当たる」と考える人が多いことが明らかとなった。

「罰が当たる」「因果応報」「自業自得」など表現の仕方はさまざまであるが、自分のしたことが自分に返ってくるとする考え方は、今も日本の文化

「罰が当たる」世論調査データの推移

1964年	ある	ない	わからない・答えない
全体	41	40	19
20歳代	31	45	24
30歳代	37	43	20
40歳代	43	43	14
50歳代	45	35	20
60歳以上	52	30	18

2020年	ある	ない	答えない
全体	76	23	1
18～29歳	81	17	2
30歳代	80	20	
40歳代	80	19	1
50歳代	83	15	1
60歳代	74	26	1
70歳以上	63	34	3

「『読売新聞』2020.8.13 朝刊」のデータを基に作成。

に深く根づいていると言えよう。

このような、悪いことをすれば悪いことが起こるという考え方は、時に誤帰属を引き起こす。悪いことが起こるのは悪いことをしたせいだと、因果関係を逆にしてしまうのである。この誤った帰属は、良くない事態を引き起こしかねない。

その事例の1つとして犯罪の被害者に対する態度が挙げられる。

被害者はなぜ責められるのか

夜道を歩いていて性犯罪に遭った女性が、深夜に出歩いていたことや薄着であったことなどを理由に、被害者であるのにもかかわらず落ち度があると糾弾されるというのは珍しい話ではない。冷静に考えれば女性が深夜に出歩こうが薄着だろうが、犯罪に手を染める者がいなければそのような事件は起こらないのだから、犯人のみが責められるべきである。

しかし、この例に限らず、被害者であるにもかかわらず周囲から責められるという事例は多く存在する。

実験参加者に、他人がさまざまな条件下で電気ショックを受ける状況を見せ、感じ方の変化を検討した実験がある。結果、苦しんでいる様子を見ていることしかできなかった参加者は、実験が進むにつれて電気ショッ

きっと、悪いことを
したんだろう

電気ショックを受けている人を見続けた結果、
その苦しみの原因が本人の行いにあると考えるようになる。

クを受けている人を蔑むようになっていくということが明らかになった（Lerner and Simmons, 1966）。

　変化が生じた理由について、参加者たちが「電気ショックを受けている人がこのような酷い目に遭うのは何か悪いことをしたからに違いない」と考えるようになったためであると研究者らは結論づけている。

　このように、**「行動にふさわしい結果が、その人に降りかかる」という考え方**を公正世界仮説と呼ぶ。このバイアスに陥ると「いじめられる側にも問題がある」とか「感染症への罹患は自己責任」などと考えてしまうのである。

　このバイアスには不安が大きく関係している。

　悪いことをしていない人が理不尽に酷い目に遭うのだとしたら、いつか自分にも降りかかるかもしれない。そんな「世界の理不尽さ」と「自分も理不尽に傷つけられるかもしれない」という不安から逃れるため、人は公正世界仮説を信じるのである（Zechmeister and Johnson, 1992）。

良いことは必ず報われるのか

　このように、何か事が生じるにはそれに見合うような原因となる物事が

あると考えるのが「公正世界仮説」であるが、先述した悪い行いだけでなく、良い行いについてはどうなのであろうか。

典型的な考えとしては「努力は必ず報われる」だとか「成功した人は努力をした人なので、失敗したのは努力の足りなかった人だ」などという考えがあげられる。

これも悪い行いと同様に、**「大変な思いをして努力を重ねても報われないかもしれない」「努力したのに報われない人、努力しないのに成功する人がいるのは理不尽である」という不安に対処するため**である。

公正世界仮説の光と闇

公正世界仮説は良い側面と悪い側面をそれぞれ持っている。

世の中の理不尽さを軽減することで精神的に安定を得ることができるし、努力をすれば報われるとの考え方に立てば、目標に向かって努力することも厭わないであろう。そもそも行動を起こさなければ目標を達成することはないのだから、たとえ結果に結びつかなかったとしてもその努力には意味がある。

しかし一方で、その考え方が他者を蔑み批判することにつながってしまうことには注意しなければならない。

すべての人が同じ事情や環境で生活しているわけではない。基本的な帰属錯誤のように、人が外的要因を軽視しがちであることは指摘したとおりである。相手の立場や状況に対して想像力を働かせることなしに、このようなバイアスによって生じる差別をなくすことはできない。

参考文献

Melvin Lerner and Carolyn Simmons, "Observer's Reaction to the "Innocent Victim": Compassion or Rejection?" Journal of Personality and Social Psychology: 4(2), 203–210, 1966.

Eugene Zechmeister and James Johnson, Critical Thinking A Functional Approach, International Thompson Publishing, 1992. [E.B.ゼックミスタ／J.E.ジョンソン（宮元博章／道田泰司／谷口高士／菊池聡訳）『クリティカルシンキング　入門篇』北大路書房、1996年。]

非合理的な慣習や理不尽なシステムが、
いつまでも改善されないのはなぜか?

14

システム正当化
バイアス

System Justification Bias

| 意　味 | 特定の人に対して不便・不利だったとしても、未知の新たな方法に挑戦するよりも従来の方法を維持しようとする傾向のこと。 |

| 関　連 | 心理的リアクタンス(→218ページ)　現状維持バイアス(→222ページ)　公正世界仮説(→226ページ) |

世界は不公平で理不尽である

　なんとなく従ってはいるものの、冷静に考えれば理不尽だと感じるようなことは日々の生活の中のいたるところにある。

　たとえば、残業代も出ないのに上司が帰らないと部下が帰れない職場。これといった結論が出ないまま延々と続き、ただ時間を浪費するだけの会議。自分はやっていないのに、同じグループの友人が違反をしたからと連帯責任を負わされる学校のルール……。

　前節の公正世界仮説でも触れたように、人は、その人の行いに見合う結果が起こると考えるバイアスを持っている。しかし、先に述べたような状況は、果たして当人の責任なのだろうか。

　もっと規模の大きな話をすると、**人種や性別に基づく社会的な地位の高低や、社会制度から生じる貧富の差など、自らの努力でどうにもならない事柄であるのにもかかわらず、これらの属性によって不利益を被っている**

人たちが存在するのはまぎれもない事実である。

公正世界仮説の観点からすれば、現行の社会システムと、そこから生じる地位の高さや富といったものは、恵まれた立場にいる人たちにとって非常に都合がいい。なぜなら、**自分が恩恵を受けていること自体が、自分の行為が正しいことの証明になる**からだ。

一方で、恵まれていない立場にいる人たちはどうだろうか。**自らの置かれている不幸な状況を、自分の行いが返ってきた結果だととらえてしまうと、劣等感を抱いたり自己効力感を失ったりする**ことにつながる。本当に自分に非があるのならともかく、自力で改善できないことで不利益を被るのは避けたいものである。

不公平で理不尽な出来事が多く存在する世界で、私たちはどのようにそれらと折り合いをつけて生きていけばいいのだろうか。

理不尽な世界で生きていくために

人が、生きていく中で感じる不公平さや理不尽さと折り合いをつけていく過程を、システム正当化理論を用いて説明しようと試みた研究がある (Jost and Banaji, 1994)。

この理論では、**人は「特定の社会のシステムがそこに存在していること」自体に価値を見いだし、そのシステムを正当化しようとする**とされており、これをシステム正当化バイアスと呼ぶ。「システムがある」ということそのものが、良くも悪くも「何が起こるかわからない」という「不確実性」を払拭するのだ。

人は曖昧なことを嫌う傾向がある。

耐性の強さには個人差があるが、多くの人は、何が起こるかわからないよりは、多少問題がある現行のシステムであっても、利用することで曖昧な部分が少なくなることを望む。

想像してほしい。高校生のあなたは思いがけず帰りが深夜になってしまい、暗く人気のない道を1人で歩いている。すると、少し先にある四つ角

からこちらに向かって走ってくる足音が聞こえる。このまま歩き続ければ、足音の主と鉢合わせすることになりそうだ。

自分に向かってくる相手が以下の人物であったとき、あなたはそれぞれどんなふうに感じるだろうか。

　①心配して迎えに来た親
　②怒って連れ戻しに来た親
　③深夜になぜ走っているかわからない知らない人

①は良いこと、②は良くないこと、③は不明なことのとき、多くの人が③を最も緊張すると感じるのではないだろうか。

たとえ帰宅が遅くなったことを親に叱られるとしても、「高確率で通りすがりの人だとは思うけれど、もしかしたら通り魔かもしれない人と鉢合わせる」という状況のほうが、人は恐ろしいと感じるのだ。

このように、**「わからない」ことは人にとって大きな脅威**なのである。そのため、**現行のシステムによって不利益を被っている人たちでさえ、不安を解消するために、問題があるとわかっていてもそのシステムを利用してしまう**のだ。

不安をあおる情報は逆効果

意外だと感じるかもしれないが、「日本の犯罪状況は悪化し、他国と同じようになる可能性がある」と伝えられた実験参加者は、「犯罪率が低くまだ安心して暮らせる」と伝えられた人たちよりも、その時点の日本のシステムを高く評価することが明らかとなっている（沼崎・石井, 2009）。

人は、反対されたり脅威を与えられたりすると抵抗を覚えるということは、心理的リアクタンスの節でも触れたとおり、よく知られていることである。

不安を強めるような情報を与えることは、バイアスを強化する危険性が

不安をあおられると生じるシステム正当化バイアス

日本の犯罪状況は…

ルート A

不安をあおる言葉
悪化し、他国と同じ
ようになる可能性がある。

**システム
正当化
バイアス**

現状の日本のシステムを
なぜか高く評価。

ルート B

安心感を与える言葉
犯罪率が低く、
安心して暮らせる。

現状の日本のシステムを
ルート A ほど評価せず。

あるのだ。

　偏見や思い込みからでなく、自らの不安を解消する目的で生じるバイアスがあることは知っておくべきである。しかし、このバイアス自体は悪いものではないが、現在のシステム下で不当に低い立場に置かれている人たちに対し、その人の行いが当人に返っていると考えることは、状況の改善が見込めないだけでなく、差別につながる可能性があることを強調しておきたい。

参考文献

John Jost and Mahzarin Banaji, "The Role of Stereotyping in System-Justification and the Production of False Consciousness," British Journal of Social Psychology, 33, 1-27, 1994.
沼崎城／石井伺雄『日本の犯罪状況の悪化情報が現システムの正当性認知に及ぼす効果』日本心理学会第73回大会発表論文集 116、2009年。

アイドルグループのメンバーがより輝くのは、
集団でいるときか、1人でいるときか？

15 チアリーダー効果
Cheerleader Effect

| 意　味 | 1人でいるときよりもグループの中にいるときのほうが、人の顔は魅力的に見えるという現象。 |

| 関　連 | |

1人でいるよりも大勢でいるほうが魅力的？

　学生時代を思い出してほしい。憧(あこが)れている人が友達と集まって楽しそうに笑い合っているのを見て、ひそかにドキドキしてしまった、などという経験はあるだろうか。

　1人でいるところを見かけたときよりも、大勢でいるところを見かけたときのほうが相手のことを魅力的であるように感じたのなら、あなたにはチアリーダー効果が生じていたと考えられる。

　これは、**集団の中にいるときのほうが、個人がより魅力的に見える効果**のことをいう（Walker and Vul, 2014）。アメリカのテレビドラマ "How I Met Your Mother" に出てきた「チアリーダーたちは1人ずつ見るとそんなに綺麗(きれい)ではないのだけれど、皆で集まっているととても綺麗に見える」というエピソードにちなんでつけられた名称である。

チアリーダー効果のメカニズム

チアリーダー効果について検討するために、実験参加者に人物の写真を呈示し、魅力を評価させるという実験が行われた（Walker and Vul, 2014）。

評価対象者の他に同性の2人の人物と一緒に写っている写真を見せる「グループ写真条件」と、その写真から対象者の部分だけを切り取った「単独写真条件」の2条件が設けられた。その条件で、人物に対して実験参加者が評価を行った。結果、単独写真よりもグループ写真のほうが、対象者の魅力は高くなった。

このような現象が生じるメカニズムとしては、以下の3つの過程が指摘されている。

①複数の顔が同時に呈示されると、人は特徴を平均化して認知する。
②個人の顔の知覚は平均値に引き寄せられる。
③平均化することによってその平均に引き寄せられた顔は、実際のものよりも魅力が高くなる。

人はたくさんの視覚刺激を見るとその特徴を平均的なレベルでひとまとめにして知覚する傾向があり、これをアンサンブル知覚と呼ぶ（Alvarez, 2011）。図形の知覚などでよく見られる現象だが、複数の人物の顔も全体として平均的な印象に要約して知覚処理される。つまり、つり目、たれ目などの**個人の特徴的な部分が平均化される**ことで、特徴やクセが少なく、万人に好まれやすい顔になるのである。このような現象が、1つめの過程では起こっていると考えられる。

そして2つめの過程では、**1つめの過程で算出された平均的な水準に引っ張られて、一人ひとりの顔が補正される**こととなる。

最後に3つめの過程において、**その補正がかかった状態のまま個人の魅**

集団でいるほうが、魅力度アップ

個別で見た場合
の魅力度

集団で見た場合
の魅力度

力度が判断される。

　ここで重要なのは、**顔をめぐる心理学的研究から多くの顔の特徴をもと
に合成された平均的な顔は、多くの人から魅力的に見えるという現象が広
く認められている**ことだ。これは人が進化の過程で、バランスのとれたも
のを好む傾向を身につけたことが影響していると考えられている。

チアリーダー効果に見られる性差

　興味深いことに、**チアリーダー効果は性別によってその効力が大きく異
なる**ことが指摘されている（服部ら, 2019）。

　女性は、女性の顔よりも男性の顔を評価するときにチアリーダー効果が
顕著に表れ、男性では評価をする相手の性別によって効果に差はないとさ
れる。

女性は、以前見たことのある顔について、女性より男性のもののほうが覚えにくいことが指摘されている（Herlitz and Lovén, 2013）。

集団の中にある個々の視覚刺激は、アンサンブル知覚によってつくり出された要約によって補正される（このことを階層的符号化と呼ぶ）。その際、曖昧さや誤差を多く含む刺激のほうが、違いが明らかな刺激よりも、その現象が強く生じると考えられている。

そのため、女性が評価者の場合、細かいところまで覚えていない男性の顔に対して補正が強く生じ、結果としてチアリーダー効果も大きくなったのではないかと推測される。つまり、女性が評価する場合において、男性の集団に所属する男性は、本来の姿よりも多少格好良く見えているのだと考えられる。

男性だけで構成されるアイドルグループやアーティストだけではなく、街中ですれ違っただけの学生や会社員の集団も、女性の目から見ると、男性自身が認識しているよりも、ちょっと素敵に見えているのかもしれない。

とはいえ残念ながら、**1対1のお付き合いになるとその魔法は解けてしまう**。よって、関係を深めるためには接しなければわからない個人本来の魅力が重要となるのである。

参 考 文 献

George Alvarez, "Representing Multiple Objects as an Ensemble Enhances Visual Cognition," Trends in Cognitive Sciences: 15, 122–131, 2011.

Agneta Herlitz and Johanna Lovén, "Sex Differences and the Own-Gender Bias in Face Recognition: A Meta-Analytic Review," Visual Cognition: 21, 9-10, 2013.

Drew Walker and Edward Vul, "Hierarchical Encoding Makes Individuals in a Group Seem More Attractive," Psychological Science: 25, 230–235, 2014.

服部友里／渡邊伸行／鈴木敦命『魅力度の類似した顔のグループに対するチアリーダー効果：観察者の性別と顔の性別の影響』基礎心理学研究：38(1)、pp.13-25、2019年9月。

顔の見えない大多数の犠牲者よりも、身近
に存在する1人の犠牲者。

16

身元のわかる
犠牲者効果

Identifiable Victim Effect

意 味	特定の個人を例として示すと高い共感や関心を示すが、示された ものが人数や割合だと共感や関心が低くなる現象のこと。

関 連	

集団と個体

　夜空を見上げたとき、理科の教科書に出てきた星座であれば、大人に
なってからも見つけられる人は多いことだろう。

　北斗七星、オリオン座、カシオペア座……星座としてひとまとめに認識
される星々には、それぞれ名前がついていて、大きさも明るさも異なる。
しかし、私たちが星座として認識するときには、星の個別性は失われ、星
座を構成する一つひとつの星について意識的に考えることはなくなってし
まう。

　同様の出来事は、人間の世界でも観察することができる。

　たとえば、次のような記述は誰もが一度は目にしたことがあるのではな
いだろうか。

「難病にかかっている○○さんという子供がいる。つい最近、その病気に
対して画期的な治療法が開発された。しかし、その治療を受けるためには

莫大な医療費がかかる。○○さんが治療を受けられるように、寄付に協力
してほしい」

　一方で、次のような訴えも目にしたことがあるであろう。

「全世界で、○万人の子供がこの病気で苦しんでいる。つい最近、その病
気に対して画期的な治療法が開発された。しかし、その治療を受けるため
には莫大な医療費がかかる。子供たちが治療を受けられるように、寄付に
協力してほしい」

　どちらも、病気の治療のために寄付を募る文章である。ただ、寄付を必
要としているのが、名前のわかる個人であるか、数字で示された集団であ
るかが異なる。**この対象の違いが、私たちの行動に大きく影響を及ぼす**と
いうことが明らかになっている。

数字だと実感できない？

　援助を必要としている人がいたとしよう。個人が特定できる1人と、特
定できないが数字でたくさんいることを示された集団と、どちらがより多
くの寄付を集めることができるだろうか。

　後者だと考えた人も少なくないと思うが、実際には**個人が特定できるほ
うが寄付を受けやすい**ということがわかっている。これを身元のわかる犠
牲者効果と呼ぶ。

　この効果について検討した実験がある。

　最初に、実験参加者にアンケートへ回答してもらい、5ドルを報酬とし
て渡した。その後、食糧危機に関する記事を読ませ、この問題の解決を支
援するために、受け取った5ドルのうちいくらを寄付してくれるか尋ねた。

　参加者が読んだ食糧危機に関する記述は、2種類用意された。

　1つ目は、「○○人が食糧不足で困っている」「2000年と比べてトウモロ
コシの生産量が42％減少している」など具体的な数値で問題を説明する
「統計条件」であった。

　2つ目は「あなたの寄付で○○という少女の生活をよりよくすることが

全世界で○億人以上が
飢餓に直面しています。

あなたの募金がこの子の食事に。

できる」という少女の名前と顔写真が呈示される**「顔の見える条件」**であった。

　寄付を求められた参加者たちは、統計条件ではもらった報酬の23％を、顔の見える条件では48％を支援に回すと答えたのだった(Small, et al., 2007)。

　この結果は**相手の顔や名前、その他の詳しい状況を知ることが寄付を促進することを示している。**それは、親近感を持ったり同情心が呼び起こされたりすると考えられるからである。一方で、情報が個人と結びつかない場合はこれらの感情が生じないため、行動が起こりにくいのである。

　また、行動の促進や抑制に影響する要因として、相手との距離感（まったく知らない人、友人、親戚など）や、状態の鮮明さ（実際に目の前で起こっている、活字で読んだなど）があることが知られているが、心理学では焼け石に水効果も要因の1つであると指摘されている（Ariely,2010 櫻井訳, 2014）。この効果では、**自分1人が行動を起こすことで、相手を確実に救えるかどうかが重要になる。自分だけが頑張ったところでどうにもならないと思えば、行動は起こらない**のである。

数に埋もれてしまわないために

　誰かに協力をあおぎたいのであれば、これだけの人が助けを求めていると数字で示すよりも、困っている人の現状について、生活に密着した詳しい説明を用意するほうが得策であることがわかるはずだ。

　ユニセフの広告は、1人の子供をアップで撮った写真に、「たった1本のワクチンで助かる命がある。」というコピーがついている。寄付することで「この子」の命を助けることができると感じさせるこの工夫が、行動を促進する。多くの星を星座としてひとまとめにするのではなく、一つひとつの星に注目させているというわけだ。

　当たり前に感じるかもしれないが、良い結果を得るためには、より効果の高い方法を知ることが重要だ。それを軽んじることが失策へとつながるのである。

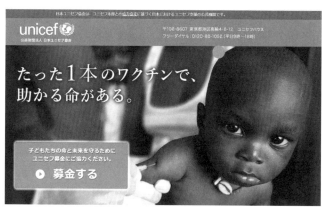

公益財団法人日本ユニセフ協会ホームページ（https://www.unicef.or.jp/special/17win/）の情報をもとに編集部が作成。

参考文献

Dan Ariely, The Upside of Irrationality: The Unexpected Benefits of Defying Logic at Work and at Home, Harper Collins, 2010.[ダン・アリエリー（櫻井祐子訳）『不合理だからうまくいく: 行動経済学で「人を動かす」』早川書房、2014年。]

Deborah Small, George Loewenstein and Paul Slovic, "Sympathy and Callousness: The Impact of Deliberative Thought on Donations to Identifiable and Statistical Victims," Organizational Behavior and Human Decision Processes: 102, 143–153, 2007.

社会心理学系
バイアス
....

17

なぜ、わざわざ行列に並んでまでラーメン
を食べようと思うのか？

同調バイアス
Conformity Bias

意　味	他人がどう行動するかを参考にして、自分の行動を変えること。

関　連	バンドワゴン効果（→246ページ）

人気店の行列がさらに長くなる理由

　あなたがお祭りに行くと、たこ焼き屋さんが2軒並んでいた。どうやら同じ系列店のようで、店構えがそっくりである。しかし、一方には行列ができているのに、もう一方には客が1人もいない。さて、あなたはどちらの店でたこ焼きを買うだろうか。

　急いでいるときであれば、これ幸いにと客がいないほうで買うかもしれない。だが、多くの人はこんなふうに考えるのではないだろうか。
「どちらの店も同じように見えるのに、どうしてこっちの店には誰も並んでいないんだろう？　何か良くないことでもあるのかな？」

　同じ商品であるのなら早く買えたほうがいいはずなのに、わざわざ一方だけに列をなしているとなれば、誰も並んでいない店に対して不安を感じる人は少なくないと考えられる。そんな人々が、行列のある店を選んだ結果、行列はさらに長くなるのである。

このように**周りに他者がいる場合に、その人がどのようにするのかを参考にして、同じ行動をとる**ことを同調バイアスと呼ぶ。

同調への圧力

　同調とは「他人の行動や考え方に合わせる」ことであるが、これには2つのメカニズムがある。

　1つ目は、**情報として他者の行動を利用する**ことである。これは先のたこ焼き屋の例のように、他者がいっぱい並んでいればおいしい店なのだろうと推測し、自分もそこに並ぶことなどが当てはまる。

　2つ目は、**他者の行動や考え方を規範として用い、同じように振る舞う**ことである。この場合、他者の行動や考え方は、行動を制限するような圧力として働くことが多い。たとえば、終業時間を過ぎ、今日中にしなければならない仕事は終わったのだが、誰も帰らないので仕方なく自分も残業をする、などという事柄が該当する。

　日本は欧米に比べて、自分の意見を述べることよりも集団の和を保つことのほうが重視される傾向にある。そのような文化の中で、自分が本当は違う意見であるのに、周りの意見と異なるがために言うことができなかったり意見を曲げたりした経験は誰にでもあることだろう。

　そのような同調への圧力について検討した実験がある（Asch, 1951, 1955）。大学生7～9名を1グループとして実験室に集め、長さの違う3本の直線が書かれたカードを見せた。同時にもう1枚、直線が1本だけ書かれたカードを見せて、最初のカードのどの線と同じ長さだと思うかグループ全員が順に口頭で答えるよう求めた（図1）。

　実はこの実験の真の参加者は1名だけで、残りは協力者（サクラ）であった。協力者たちは最初の2回は正解を答えるが、3回目の課題では全員が同一の間違った選択肢を口にする。その際、実験参加者は最後から2番目に回答するように設定されていた。

　この実験の結果、1人であれば間違えるはずがないほど線の長さにはっ

他人の回答に同調した結果、簡単な問題でも間違いが増える

図1

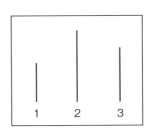

図2

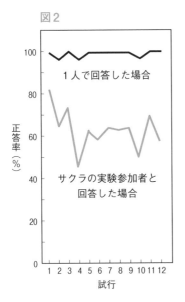

1人で回答した場合

正答率（％）

サクラの実験参加者と
回答した場合

試行

1人ではほとんど間違わない問題でも、
サクラに同調した結果、
正答率を大きく下げた。

きりした違いがあったにもかかわらず、誤答率は36.8％になった。12回
の試行のうち、一度も協力者に同調しなかった参加者は25％であった（図
2）。

　直線の長さというはっきり違いのわかる事柄でさえ、他人の回答に影響
を受けずに正解を言える人は4人に1人だったというのだから、もっと複

雑な事象になった場合、さらに同調しやすくなるのは想像に難くないであろう。

また、課題の種類によるが、本人以外の全員の意見が一致している場合、同調が生じやすくなることも指摘されている（Allen, 1975）。

実生活にひそむ同調の危険

同調バイアスは実生活でどのような影響を及ぼすのだろうか。

同調の影響が顕著に見られるのは災害が起こった場合などの緊急時であると言われている。

たとえば人の多い劇場で火災が発生し、パニックを起こして会場から脱出しようとする人がいると、同調した人々が出口に殺到して将棋倒しとなりかえって被害が大きくなることが知られている。

某テーマパークでは、大きな地震が発生した際、パレード中だったキャラクターたちが頭を守ってその場にしゃがむよう客に求め、混乱を回避したという事例もある（JCASTニュース, 2020）。この場合はキャラクターたちに同調した客の行動がよい方向に働いた例であるといえよう。

同調バイアスは必ずしも悪いものではなく、使い方によっては良い結果を生むこともある。重要なのは正確な知識と、適切に用いるテクニックを身につけていることだが、それができていないからこそ、良くない結果をもたらしているのである。

参考文献

Vernon Allen, Social support for nonconformity, In Leonard Berkowitz (Ed.), Advances in experimental social psychology, Academic Press: 8, 1-43, 1975.

Solomon Asch, Effects of group pressure upon the modification and distortion of judgments, Group leadership, and Men, edited by Harold Guetzkow, Carnegie Press, 1951.

Solomon Asch, "Opinions and Social Pressure," Scientific American: 193, 31-35, 1955.

JCASTニュース『緊急地震速報にミッキーも頭守って... TDRの「対応力すごい」と話題に』〈https://www.j-cast.com/2020/07/30391175.html?p=all〉2020年7月30日。

本間道子『集団行動の心理学:ダイナミックな社会関係のなかで』サイエンス社、2011年。

世論調査の勝敗予想は、選挙結果にどの
ような影響を与えているのか?

バンドワゴン効果

Bandwagon Effect

意　味	選択肢が複数ある場合、多くの人が同一の選択肢をとることに よって、その選択肢をとろうとする人がさらに増える現象のこと。
関　連	同調バイアス(→242ページ)

同調バイアスとバンドワゴン効果

　他者の行動を参考にして同調行動をとることは、自らの安心や安全を確保するために大きな効果がある。たとえば、周囲の人々が空を見上げているのに気にせずにいたら、自分だけ落下物を避けられないかもしれない。

　行動にしろ感情にしろ、同調することはリスクを低減させるために重要だ。前節でも触れたが、非常時に正確な判断ができなくなるなどの危険が生じることもあるが、同調バイアス自体は悪いものではない。

　その同調バイアスの中でも、特に**投票行動や購買・消費行動に顕著に表れる特徴**をバンドワゴン効果と呼ぶ。同調バイアスの一側面であると理解してもらいたい。バンドワゴンとは、パレードの際などに行列の先頭に位置する、楽隊を乗せた車のことである。「バンドワゴンに乗る」という表現は「流行に乗る」「勝ち馬に乗る」という意味で使われる。

2009 年、ウィスコンシン州ミルウォーキーで行われたパレードのバンドワゴン。

人気者は人気ゆえに皆から好かれる

　長いものには巻かれろ、という言葉がある。強い権力を持つ者や大きな勢力には、敵対するよりも傘下に入っておいたほうがよいとする処世術を説いたものである。

　たとえば、選挙において「圧倒的に優勢」だとか「当選確実」などと報じられた候補により多くの票が集まることも、この言葉が表す状況が実際に社会で生じることの一例といえる。世論調査の勝敗予想が得票数の差をより大きくすることが明らかになっている（Noelle-Neumann et al., 2004）。

　このような現象について、劣勢である者たちが劣勢だと自覚することで沈黙し、優勢である者たちの声が大きくなった結果、ますます劣勢の者たちの声が小さくなるという沈黙の螺旋理論が提唱されている（Noelle-Neumann, 1993, 池田他〈訳〉, 2013）。「皆が選ぶのであれば安心だろう」という考えがそこには存在していると考えられる。

　同様に身近な例で考えると、クラスの人気者は、多くの人がその人物を好きだと表明することで、性格であったり外見であったりにいわゆる「他者の判断による保証」がついた状態であるといえる。よって、今までに接したことのなかった人も、これだけ多くのクラスメートが好むのであれば、この人にはそれだけの価値があるのだろうと判断する。結果として、

さらに人気が上昇するバンドワゴン効果が見られるのである。

皆が持っているものは自分も欲しい？

小さい頃、おもちゃやゲーム機を「みんなが持っているから買って」と親にねだった経験はないだろうか。

この行動を引き起こす要因については、いくつか推測することができる。友達と話題が合わなくなってしまうとか、同じものを自分も試してみたいとか、自分の要求をのむかどうかで親からの愛を試したい、などである。

行動の要因は1つではなく、さまざまなものが同時に存在することがほとんどである。その中に「皆が持っているのだから、いいものなのだろう。そのいいと考えられるものを自分だけ持っていないのは嫌だ」というバンドワゴン効果によって生じる動機も含まれる。それは一種の、安心を求める行動でもあるのだ。

しかし、その一方で**「周りと同じにはなりたくない」という価値観が存在する**ことは想像に難くないであろう。希少性の高い限定生産の商品を手

バンドワゴン効果とスノッブ効果の違い

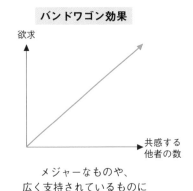

バンドワゴン効果

欲求

共感する
他者の数

メジャーなものや、
広く支持されているものに
引かれる傾向。

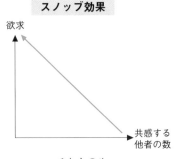

スノッブ効果

欲求

共感する
他者の数

ニッチなものや、
他者が注目していないものに
引かれる傾向。

に入れたがる人などは、このような考えが強いのだろう。バンドワゴン効果と真逆になるこの現象をスノッブ効果と呼ぶ（Leibenstein, 1950）。皆が持っているから欲しいのではなく、皆が持っていないからこそ欲しいのである。

　また、同様に購買を促すメカニズムとして述べた心理的リアクタンスも効果を発揮する。限定生産・期間限定の商品であるなどの理由で簡単に買えないとなると、本来自由であるはずの、購入するという行動が制限されるように感じ、その権利を取り戻そうと反発する。その結果購買行動が促進されるのだ。

▌マーケティングにおけるバンドワゴン効果

　多くの人が支持することで、よりその支持が固くなるというバンドワゴン効果は、特に**マーケティングの現場で用いられることが多い。**

　○万人が愛用中だとか、チケットがわずか○分で完売だとか、その売れ行きをアピールするのはよく見られる手法の1つである。

　また、わざと店内の席数を減らして店の外に行列を発生させ、道行く人に人気店だと思わせる、棚の商品を一部売り切れのままにして、この商品は売り切れるほど人気なのかと感じさせるというものも頻繁に用いられるテクニックである。

　このことを知っていれば、消費者として店の策略に踊らされることも減るであろう。

参考文献

Elisabeth Noelle-Neumann, The Spiral of silence, 1993. [E.ノエル＝ノイマン（池田謙一・安野智子訳）『沈黙の螺旋理論:世論形成過程の社会心理学』北大路書房、2013年。]

Elisabeth Noelle-Neumann and Thomas Petersen, The Spiral of Silence and the Social Nature of Man, Handbook of Political Communication Research, edited by Lynda Kaid, Lawrence Erlbaum Associates, 2004.

Harvey Leibenstein, "Bandwagon, Snob, and Veblen Effects in the Theory of Consumers' Demand," The Quarterly Journal of Economics: 64(2), 183-207, 1950.

井の中の蛙が、外の世界に出るために知
らなければならない痛み。

19

ダニング＝
クルーガー効果

Dunning–Kruger Effect

意　味	知識のない人ほど、自分には能力があると過大評価してしまう効果のこと。一方で、知識が豊富だったり能力が高かったりする人は周囲も自分と同じだけのものを持っていると考え、自分を過小評価してしまう。

関　連	

井の中の蛙効果

　学生の頃、バンドを組んだ経験がある人は結構多いのではないだろうか。身近な友人と一緒に学校の文化祭で演奏を披露し、達成感を得て、いい思い出になっていたりもすることだろう。自分たち、ちょっとイイんじゃないか、そんなことも感じたりして……。

　ここまでは多くの人に共通する経験であることと思う。

　しかし、中には「ちょっとイイ」という思いから、より広い世界に出ていこうとする人たちがいる。学内だけの文化祭から、街の人たちが通りすがりに見ていくような地元のイベント、音楽好きな人が集まるライブハウス、どうせならオーディションにも音源を送ってみようか――と、そんな感じに話は広がっていくことだろう。しかし、そうした過程で、必ずと

言っても過言ではないほど、誰もが直面する出来事がある。

「自分たちよりうまい人が世の中にはたくさんいると思い知る」ことである。

　とはいえ、外に出ようとしたバンドはいい。問題なのは、狭い世界で「自分たちはすごい！」と思い続けているバンドである。もちろん、アマチュアとして楽しむのであれば、それでかまわない。しかし、プロを目指したいと考えている場合、「井の中の蛙」で居続ける間、デビューはやって来ないのである。

　このように、知識不足から**自分の能力を過大評価してしまうバイアス**を、提唱した2人の研究者の名前をとってダニング＝クルーガー効果と呼ぶ（Kruger and Dunning, 1999）。

ダニング＝クルーガー効果が生じる原因

　ダニング＝クルーガー効果が生じる原因として、**メタ認知ができないこと**が挙げられている。

　「メタ」とは「より高次の」という意味で、自分自身が認知していることを客観的にとらえることである。すなわち**「認知を認知すること」**と説明できる。よって**メタ認知ができないとは、自分自身を客観的に見られないということ**である。そのため、自分の能力が不足していることや、その程度を正確に認識できない。

　また、このような人は、**自分についてだけでなく、他人に対しても正しく把握することができない**とされている。

　その一方で、適切な訓練により、これらの問題は解消されることも明らかになっている。つまり、**このバイアスに陥る人は外の世界を知らないだけでなく、実力を正確に評価するための知識や技術もないが、必要なものを身につけることで、このバイアスから脱することができる**のである。

　よって、文化祭でずば抜けてうまかったことで満足してしまったプロ志望のバンドも、自分たちの演奏と他のバンドの演奏を聴き比べたり、より

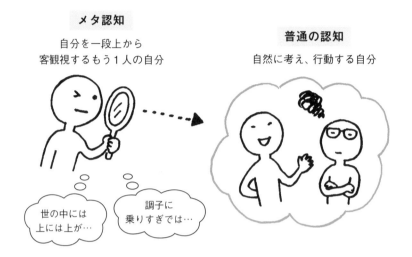

メタ認知を意識することで、自分を客観的に捉える

メタ認知

自分を一段上から
客観視するもう1人の自分

普通の認知

自然に考え、行動する自分

世の中には
上には上が…

調子に
乗りすぎでは…

高度な技術を習得したりすることで、井戸の中の世界から脱することができると言えよう。

ダニング＝クルーガー効果の発現状況

ダニング＝クルーガー効果が提唱された論文の中で、彼らは学生たちに知的スキルや英語の文法力・ユーモアセンスを自己評価させ、クラス内での順位を予想させた。

その結果、正確に言い当てることができる実験参加者は非常に少ないことがわかった。これについて彼らは**「その事柄について未熟であると、慣れていないために正確な判断ができず、自分の力を過大評価しがちである」**と結論づけた。

その結果について、さらに掘り下げた実験を行った研究者たちがいた。

すると、**簡単な課題においては、成績の悪い人ほど好成績だと錯覚し、好成績な人ほど正確に自分の結果を評価する**ことが明らかとなり、ダニン

課題の難易度に対するダニング＝クルーガー効果の傾向

	点数が低い人	点数が高い人
簡単な課題	点を高く錯覚	正確に評価
難しい課題	正確に評価	点を低く錯覚

グ＝クルーガー効果は裏付けられた。

一方、**難しい課題においては少々異なり、好成績な人ほど成績が悪いと錯覚し、成績の悪い人は正確に評価する**ことが明らかとなった (Burson, et al., 2006)。 課題の難易度でダニング＝クルーガー効果の表れ方が異なるのである。

自分が成し遂げたいと思う事柄について、自分が未熟であり、能力が足りないと思い知るのは誰にとってもつらいことである。しかし、本気で上達したいと願うのであれば、このバイアスにとらわれてはいけない。

今第一線で活躍するアーティストたちにも、ライブで「金返せ」とヤジを飛ばされただとか、思い出したくもないような過去があるという話も少なくない。しかし、思い切って広い世界へ踏み出して努力を重ねたことが、今の活躍につながっているのだということは理解しておきたい点である。

参考文献

Justin Kruger and David Dunning, "Unskilled and Unaware of It: How Difficulties in Recognizing One's Own Incompetence Lead to Inflated Self-Assessments," Journal of Personality and Social Psychology: 77(6), 1121–1134, 1999.

Katherine Burson, Richard Larrick and Joshua Klayman, "Skilled or Unskilled, But Still Unaware of it: How Perceptions of Difficulty Drive Miscalibration in Relative Comparisons," Journal of Personality and Social Psychology: 90 (1), 60–77, 2006.

Robert Levine, The Power of Persuasion. How We're Bought and Sold, John Wiley and Sons , 2003. [ロバート・レヴィーン（忠平美幸訳）『あなたもこうしてダマされる』草思社、2006年。]

20

相手の立場に立って考えられるようになれ
ば、過ごしやすい環境が手に入る。

知 識 の 呪 縛

Curse of Knowledge

意　味	さまざまな分野において、知識を持っている人は、知識を持たない人の立場から考えることが難しくなるという現象。
関　連	ダニング＝クルーガー効果（→250ページ）

子供に勉強を教えるのは難しい

　平成から令和へと時代が変わった今、教育現場でこんな話があるのをご存じだろうか。

「お釣り」を知らない子供がいるというのである。主として小学校低学年以下に多いようであるが、その理由について一瞬で正解を出すことは、我々大人には少々難しい。

　答えは「電子マネーの普及により、現金で払わないことが増えたから」である。

　ある程度成長してから電子マネーが登場した大人にとっては、それで支払いを済ませるメリットの1つとして「お釣りをもらわなくて済む」ことを実体験として知っている。渡し間違いも、財布が膨れることもない。便利になったなと感じることだろう。

　しかし、物心がついた頃にはある程度電子マネーが普及していた幼い世

代は、家庭の方針によっては、カードやスマホで会計を済ませるところを見て育つのである。結果、子供たちは現金で支払うということを知らず、お釣りという概念が存在しない。

そんな世代が誕生したことで、小学校の先生はそもそもお釣りとは何かから説明しなければならなくなったのである。

▎ 相 手 の 背 景 を 考 え る

知識は個人や世代の間で大きく異なるものである。

しかし、その違いに気づかず、**自分が知っていることは他人も知っているだろうと思いこみ、知識を持たない人の立場から物事を考えることができなくなってしまう現象**を 知識の呪縛 と呼ぶ (Heath, et al., 2007)。

彼らは、著書の中で、エリザベス・ニュートンが1990年に行った「タッパー・リスナー実験」を知識の呪縛の実例として挙げている。

2人1組になった実験参加者のうち、1人が頭の中で何らかの有名な曲を思い浮かべる。そして、そのリズムでテーブルを叩いて（タッパー）、それを聴いた別の1人（リスナー）に曲名を当てさせるというものである。

リスナーは、実際にはおよそ2％しか正解できなかったのだが、タッパーは50％程度正解できるだろうと予想していたことが明らかとなった。

このように、曲を思い浮かべてテーブルを叩いた人にとっては簡単に思えることであっても、そうでない人にとっては、曲を知っていたとしても、リズムと結びつけることは難しかったのである。

他者の立場から物事を見るのが、いかに困難であるかを明確に示した実験だ。

▎ 呪 縛 を 解 く

さて、この本を読み終えると、あなたはバイアスについてある程度の知識を手に入れることと思う。ここで考えを巡らせてほしいのは「バイアスについて知識のない人たち」のことである。

リスナー

タッパーが思い浮かべている曲を当てる

正解率は2%程度。

タッパー

有名な曲のリズムを叩く

およそ半分は正解してくれると予想。

自分が当然だと思っていることは、必ずしも他者には当てはまらない。

　その人たちは、たくさんのバイアスがあることも、人が無意識にそれに陥ってしまうことも、どのようなメカニズムで発生するかも知らない。そして、自分の中にも存在するそのような認知的な歪_{ゆが}みが、差別につながっていることにも気づいていないのである。

　この場合、自分が差別をする側であるか、される側であるかは関係ない。そもそも、「差別」をしている、されているという意識がないことすら少なくないのである。

　バイアスは人間が環境に適応するために身につけたものであるため、生じること自体が悪いというわけではない。中には自らを守ってくれるケースもある。しかし、差別にしろ他人との摩擦にしろ、良くないことを引き

起こす可能性が高いのもまた事実である。

知識があることから生じる「呪縛」が存在することを知り、そのうえでこの「呪縛」から自らを解放することは、あなたにとって非常に重要である。

偏った考え方をする知人を「嫌なやつだ」と一蹴するのではなく、バイアスに陥っていることに気づいていないかもしれないと考えることが、呪縛を打ち破る第一歩となる。

認知バイアスのほとんどは、無意識に作用する。よって、知識がない状態では、気づくことも防ぐことも難しいのである。

知識の呪縛と呼ばれるバイアスは、メタ認知ができないことによって生じる。メタ認知には、「知識」と「技能」がある。あなたは、この本を読んだことで、バイアスに関する「知識」を手に入れた。次いで、バイアスに陥らないよう思考をコントロールする「技術」を習得して使いこなせるようになることを目標としてほしい。さらに、知識がないためにバイアスに陥ってしまう人がいることを理解し、抜け出す手助けができれば最良である。

一度で劇的な効果が望めるとはいえず、地道な行為ではあるが、ぜひトライし続けてほしい。フラットな考え方のできる人が周囲に増えるということは、あなたにとって過ごしやすい環境が整うということでもあるのだ。

参 考 文 献

Chip Heath and Dan Heath, Made to Stick: Why Some Ideas Survive and Others Die, Randum House, 2007.

ABEMA TIMES『「おつりって何?」キャッシュレス化が進む時代に算数の授業で明らかになった子どもたちの"お金の概念"』〈https://times.abema.tv/news-article/8628009〉2020年10月9日。

鈴木宏昭『認知バイアス:心に潜むふしぎな働き』講談社(ブルーバックス)、2020年。

高橋昌一郎『理性の限界』講談社(講談社現代新書)、2008年。

索 引

凡例：この索引は「監修者まえがき」「本文」に現れた、主な事項名や人名を見出し語にしています。ただし、原則として「目次」「意味」「関連項目」「各見出し」「各部・各節のリード文」「図版」「参考文献」は除いています。なお、「各節見出し」については、その範囲のページ数を記しています（編集部作成）。

著者　情報文化研究所(山﨑紗紀子／宮代こずゑ／菊池由希子)
「情報文化論および関連諸領域に関する研究の推進と交流」を目的とし
て1996年に発足した情報文化研究会を基盤に2018年に設立。新進
気鋭の研究者や多彩な分野で活躍している社会人も幅広く所属し、活
発な議論や提言を行っている。所長は、高橋昌一郎。

本書を執筆した情報文化研究所所属の研究者3人の現職と研究テーマ
は、次のとおりである。

山﨑紗紀子(第Ⅰ部執筆)
東京医療保健大学非常勤講師。専門は哲学、論理学。人間が普段行っ
ている何気ない推論の形式化や、形式体系そのものの仕組みに関心が
ある。

宮代こずゑ(第Ⅱ部執筆)
宇都宮大学共同教育学部助教。専門は認知科学、認知心理学。音声や
文字など、言語を表現するための物理的な媒体が持つ感性情報の処理
や、またそれらと言語情報処理とのかかわりに関心がある。

菊池由希子(第Ⅲ部執筆)
長野県林業大学校非常勤講師。専門は社会心理学。職場などの日常的
な場面において、本人や周囲の人々のストレスを最小限に抑える対処
方法(ストレスコーピング)や、方法ごとの効果の差を検討することを研究
テーマとしている。

監修者　高橋昌一郎
1959年生まれ。國學院大學教授。専門は、論理学・科学哲学。主要著
書に『理性の限界』『知性の限界』『感性の限界』『フォン・ノイマンの哲
学』『ゲーデルの哲学』(以上、講談社現代新書)、『20世紀論争史』『自己
分析論』『反オカルト論』(以上、光文社新書)、『愛の論理学』(角川新書)、
『東大生の論理』(ちくま新書)、『小林秀雄の哲学』(朝日新書)、『哲学
ディベート』(NHKブックス)、『ノイマン・ゲーデル・チューリング』(筑摩
選書)、『科学哲学のすすめ』(丸善)などがある。情報文化研究所所長、
Japan Skeptics副会長。

情報を正しく選択するための
認知バイアス事典

2021年4月26日　初版発行
2023年2月13日　12刷発行

著　者	情報文化研究所（山﨑紗紀子／宮代こずゑ／菊池由希子）
監修者	髙橋昌一郎
発行者	太田宏
発行所	フォレスト出版株式会社
	〒162-0824
	東京都新宿区揚場町2-18白宝ビル7F
電　話	03-5229-5750（営業）
	03-5229-5757（編集）
URL	http://www.forestpub.co.jp
印刷・製本	萩原印刷株式会社